ちからとかたちの物語り

中田捷夫
Katsuo Nakata

建築技術

プロローグ
ちからとかたち

物体に「ちから」を作用させると、「かたち」は変化します。物体の形や硬さ、素材の組成や配列、そして支持方法などによって、変化の仕方や変形量は変わります。しかし、これらの物体―構造体ともいえる―を形作る要素や条件が一旦決まると、「ちから」と「かたちの変化量」＝変形量は一義的に関係付けられます。

私たち構造設計者は、ある特定の形に「ちから」＝荷重を作用させた時の「かたち」の変化量を計算し、その変化量から構造体各部の応力を算定してきました。そして、その応力の大きさが材料の強度に比べて、適切な大きさであれば、その物体は破壊しないとして安全性の確認に代えてきたのです。

このように、「ちから」と「かたち」を関連付けるための研究が、研究活動の中心であった時期がありました。もちろん、特定のテーマについては現在もその研究を続けている分野もありますが、二次元弾性体のウラソフ式と呼ばれる「弾性基礎方程式」は現在では実用的な意味は薄くなったものの、少なくとも教育的な意味においては計り知れない重要な意味を持つと思います。連続体を分割した微小な面要素の荷重との釣合い条件式と、変形の連続性から誘導されるひずみの連続条件式を連立の偏微分方程式の形で纏められたこの式は、薄肉二次元連続体の力学的な挙動を表す一般式として古くから評価されてきました。このテーマに取り組むことは、連続体の挙動を理解するためにとても有効な課題でした。

私の恩師である坪井善勝先生はこの分野の先駆者であり、多くの論文を発表されています。現在では、この課題に取り組む研究者が極めて少なくなったのは残念なことです。

この分野の研究が世間から消えていったのは、一九七〇年代の前半であったと記憶しています。当時、私は「ＨＰシェルのフーリエ解析」というテーマを与えられて、偏微分方程式の特異点問題として解析解の解明に取り組んでいました。この研究の目的はこの基礎微分方程式の解を解析的に求め、少なくとも表現上の厳正解を得て、差分法などの解の精度をチェックすることにありました。差分法は微分方程式で表現された曲面板の解を近似的に得る実務的な方法として大変便利な手法でしたが、撓みや応力（関数）が連立一次方程式の解として与えられるので、まだ電子計算機が普及していない時代では、粗い分割しかできず、十分な精度が得られませんでした。

このような時代において、解析の対象とできる曲面は、少なくとも関数で表現できる「幾何学曲面」であり、曲面内に「開口」のない連続体であることでした。解析可能な境界条件にも制約があって、不連続な境界条件の解析はほぼ不可能とされていました。その結果、不整形の幾何学曲面の連続体は設計の世界から消えていました。

そこに現れたのが、高速・大容量のコンピュータです。任意形状の骨組みや連続体の解析を対象にした「マトリクス法」や「有限要素法」は、節点の変位と回転を未知数にしてマトリクスの形に纏められ、全体系の釣合いから各節点の変位と回転（角）を決定する方法で、大容量・高速のコンピュータがあって初めて実現できたといえます。有限要素法は、連続体を分割して解析モデルに置換するのですが、分割を限りなく細かくすると、限りなく連続体の解に近づくといわれています。

しかしながら、隣り合う要素間の変位が限りなく小さくなると、コンピュータの計算技術上、解の精度についての疑問が生じない訳ではありません。その精度については、外力と反力との釣合いを頼りにしなくてはなりません。もちろん、実際の構造物の施工時に見込まれる誤差は解析の誤差をはるかに超えるはずで、設計上はまったく問題がないのですが、有限要素法で解析した数値は少なくとも「数値実験」の結果であることに変わりはありません。ただ、解析的には厳正ではなくても、構造体の形状や境界条件の如何に関わらず、必ず設計的な数値が得られるという意味において、大変実用的な計算法であることには変わりはなく、実務的には大変大きな成果をもたらしたことに変わりはありません。

私が空間構造を学んだ一九六〇年代では、空間構造の設計において最も大切なことは曲面の形状を決めることでした。基本的な認識として、圧縮場にはコンクリートを、引張場には鉄骨をというイメージは共有されていたと思います。球面、円筒面、円錐面、双曲放物面、コノイド、トーラス等、幾何学的曲面では形状が応力の種類を支配することを認識していました。これらの曲面では曲面内のすべての点が関数値として定義でき、連続体理論が適用できます。その結果、曲面内の応力や変形も解析的に定義できることになります。

ただ、理論解の適用が可能な形状や境界条件は限定されており、どのような曲面でも解が得られるわけではありません。幾何学的な曲面で解析可能な曲面は限定されていて、意匠設計者にとって必ずしも魅力的な空間ではないという問題もあります。坪井善勝先生の空間構造設計に際しての「動的建築」という発想は、「構造体内部に発生する内部応力が緊張感を以って躍動し、空間を引き締める」という考え方でした。このためには、曲面を切除したり、傾斜させたり、境界構造を不均一にしたりして、構造内部に「みだれ」をつくり、緊張感を生み出すことでした。ただ、痛めすぎて曲面の持つ特性を失ってしまっては意味がないので、「いかにギリギリまで躯体を虐めるか」が最も大切なポイントであると教えられました。そして、「名建築は合理性の近傍にあり」という名言を残されました。

この時代の空間構造は、すべて「幾何学的で解析可能な曲面」が基本になっていました。

近年の数値解析法の普及によって、「かたち」は力学からの呪縛を解かれ、「自由」を獲得しました。形態の数値化さえ可能なら、荷重に対する応力解析が可能になりました。「なぜその形なのか」という力学上の根拠がなくても、構造の安全は確保できるようになりました。構造設計上「何でもアリ」の時代が現実になろうとしています。

私の生きてきた時代は、「かたち」は力学的に必然だったと感じています。構造を構成する要素には、必ず何か力学上の理由があり、その原理によって形状や強さが決定されていることが必然であったと感じています。

「ちから」と「かたち」を関係付ける最大の要素は、「曲率」の概念です。いわゆる、曲がり具合によって、面内力（材軸に平行な力成分）と面外力（材軸に垂直な力成分）の割合が異なり、材の内部に発生する応力の性質が変化します。もう一つの要素は、「折れ曲がり」の概念です。部材内部の応力に不連続が起こり、内部応力に大きな変化が発生します。これを構造体に当てはめると、部材と接合部の形状が躯体の性状を支配するともいえそうです。この特性を理解することが、設計者にとって、とても大切だと思います。

01 大断面の木造の語りごと

02 中小断面集成材の語りごと

03 枠組壁構造と壁式構法の語りごと

04 鉄骨構造の語りごと

05 鉄筋コンクリート構造の語りごと

06 膜構造の語りごと

07 混構造の語りごと

08 塔状構造の語りごと

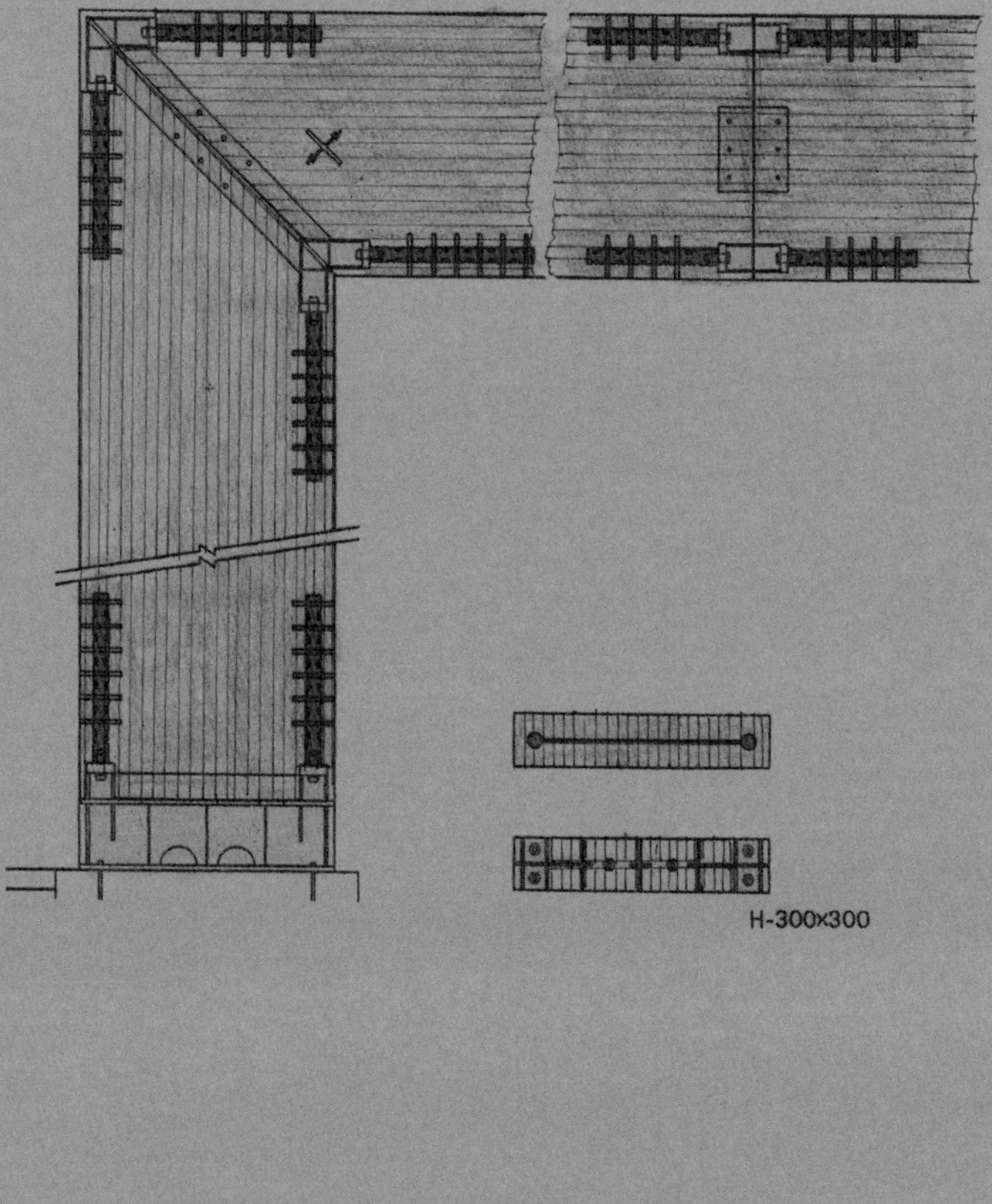

H-300×300

01

大断面の木造の語りごと

01-1 大断面の木造について

小さな木板を接着剤で貼りあわせて、より大きな断面の部材にして利用する、いわゆる集成材の技術は特に新しいものではありません。初期の集成材は一九三〇年代にアメリカで使われ始めたといわれ、九〇年近くたった現在も、現存しているといわれています。当時の集成材には、カゼインという動物性の接着剤が用いられていたそうですが、現在では、尿素系、メラミン系、ホルマリン系やレゾルシノール系と呼ばれる接着剤が、種々の用途に応じて用いられています。貼り合わせる木材の接着剤については、制限があるわけではないのですが、多く使われる接着剤については、告示でそれぞれの設計値が定められているので、その数値により部材や接合部の性能を算定しています。

耐震性、耐火性の視点から、わが国での木造建築は長い間、住宅建築を中心とする小規模木造建築に限定されてきました。しかし、わが国には社寺建築を中心とする伝統的な大規模木造建築の文化が時を超えて伝承されていて、素材としての木材は私たちの生活には切っても切れないほど深く定着してきたことを考えるとき、「木」という素材は、私たちの生活のツールとして必然の素材であることに変わりはありません。ただ、日本という島国の立地や都市集中という生活環境の中で、耐震、耐火という要求の占める割合があまりにも大きかったために、大規模な建築への利用が躊躇されてきたというのが現実であったと思われます。

転機は思いもかけなくやってきました。約三〇年余り前、一九八〇年代の終わりに近い頃になって、「日米構造協議」という交渉が始まり、米国産木材の輸入についての「外圧」によって、わが国は木質建築の規模拡大期に突入しました。ただ、当時の木造建築の主流はあくまでも住宅建築で、設計は「壁量計算」と呼ばれる仕様設計により建設されていたため、部材の形状や接合法の異なる「アメリカ流」の設計法で、必要な性能を満たしているのかの確認ができませんでした。この問題を解決するため、構造性能を構造計算によって確認する必要が生まれました。

木質建築の構造形式は、大別すると概ね「軸組構法」と「枠組壁工法」に大別できます。また、「軸組構法」は線材による架構システム、「枠組壁工法」は面材による架構システムと呼ばれ、鉄筋コンクリート構造における、ラーメン構造と壁式構造の構造特性に対応しています。ただ、RC造の壁は、壁の長さ方向に均質なのに対して、枠組壁工法の壁は、木製枠に構造用合板のような面材を釘などの接合具で一体化した、言わば障子のような構成になっている点で、その力学的な特性はまったく同じではありません。

これらの構造要素で構成される架構の力学的な挙動は、RC造や鉄骨造と同じ構造解析ソフトで計算することは可能ですが、木質構造において大きな問題は、部材の挙動はまだしも、接合部の力学的な挙動についての情報が格段に不足していることです。これらの情報を実験によって獲得することは不可能ではありませんが、想定できる条件毎に実験をすることは現実性が乏しいといわなければなりません。わが国古来の伝統的な「仕口」を異なる樹種や部材寸法に応じて準備することには、大変なエネルギーと結果の不確定性を覚悟しなければなりません。幸い、軸組構法の接合部には、規格化された金物が用意できるので、その力学的な挙動情報を準備することができ、架構の挙動を把握することが可能になりました。これによって、木軸架構の実現が可能になりました。

架構の巨大化に伴い、部材寸法の大型化と接合具の高耐力化が要求されます。

部材の寸法は、原木を板材に挽き、乾燥させた「ラミナ」を接着剤で加圧、成型することにより自由な材長や断面形状の「集成材」として入手することができます。ラミナの樹種や配置のパターンによって異なった強度の部材として設計することも可能になっています。また、貼り合せる際の型の形状によって、曲率を持つ部材を作ることもできるし、現存する設備によっては長さが二〇mを超す部材の製作も可能です。しかし、形状についての自由度は格段によくなりましたが、木材は所詮自然に生育した素材なので、その特性のばらつきは避けることはできません。法律的には「樹種毎」に基準強度が定められていますが、同じ樹種でも強度のばらつきは避けることができません。集成作業のグレーディングの過程で、ある程度のばらつきを排除することはできますが、実験で確認すると、種々のばらつきが確認されるのも事実です。

その中の一つの要素として、「含水率」を挙げることができます。集成材の接着に際しては、含水率を一五%以下にすることが定められていますが、一枚のラミナの中でも含水率は一定ではありません。建物の使用環境の下では、含水率は一桁台まで乾燥すると言われています。乾燥による材の割れやねじれが材料強度の不確定要素であることは、あらかじめ覚悟すべきなのかもしれません。私の尊敬する木造建築の伝承者ともいうべき杉山英男先生は、「製材の部材で設計するときは、木材が田の字に割れていると思って設計しなさい」と教示しています。部材の断面が大きくなればなるほど、収縮の影響は大きくなります。初期のアメリカでの集成材建築で、梁せいの大きな集成材に鋼板挿入型接合具を装着した際にドリフトピンによって梁の収縮が拘束され、水平割裂が起きた事故が多く報告されています。鋼板の接合具を分割するのも一つの方法かと思われます。

木質の部材を接合する方法として、

①仕口と呼ばれる接合部の加工によって、部材同士を噛み合わせて力の伝達を行う方法。
②金属の接合具（釘、コーチボルト、ドリフトピン等）によって、機械的に応力の伝達を行う乾式接合法。
③金属の接合具（鋼棒、炭素繊維棒等）を木材に設けた穴に挿入し、樹脂注入により応力の伝達を行う湿式接合法。

等を挙げることができます。

①はわが国の伝統木造に用いられる形式ですが、接合する部材に断面の欠損が起きるため、論理的に材の性能の五〇％以上の応力を伝え合うことはできません。③は樹脂の注入から硬化に至る間の養生が大切で、十分な付着長さの確保等種々の制約はありますが、処理が終了した後は、強度、剛性ともに高い性能が得られるといわれています。施工には高度の技術が必要なため、施工できる業者は特定の業者に限定され、自由に使えるわけではありません。

最も一般的な接合具は、②の機械的な乾式接合法です。釘やコーチボルトを複数箇所に施工することによって、せん断耐力を得るこの工法は、中小断面の部材の接合や構造用合板等の面材の接合には適しているものの、中大断面部材に発生する応力を伝達するのには適していないといわれています。一般的な接合具はボルト接合やドリフトピン接合で、中でも鋼板挿入型ドリフトピン接合が最も一般的な構法として普及しています。

大型部材の接合に用いられるＢＶＤ接合具の採用は特に大切でした。

ドイツのエンジニアのピーター・バーチャー氏（Peter Bertsche）（故人）の発案によるＢＶＤ（Bertsche Verpress Dubel）と呼ばれる接合具を活用して、大断面集成材による大規模木造の設計が行われた時期があります。鋼板の代わりに鍛鋼の鋼棒状の金物を木材の小口に設けた穴に挿入し、二本で一対のドリフトピンを複数列打ち込んで金物を固定し、木と鋼棒の間の隙間に、高強度のモルタルを充填して緩みをなくすこの接合法は、E120のベイマツ集成材に装着すると、長期許容応力で二五t程度の引張耐力が認定されていました。現在では、残念ながらわが国での生産・販売を行う組織が存在しないため流通していません。論理的な裏付けやドイツでの多くの実験結果が残されているので、今後大型の木質構造の実現が必要になったときは、活用できる構法だと思います。

中規模の集成材部材の接合には、「クロスピン接合システム」の活用が効果的です。BVDの開発に際して得た知見を活かして、小型のBVDとでも呼ぶべきこのシステムは、基本的に同じ伝達の仕組みで構成されていて、鍛鋼の本体を普通の炭素鋼に、二本一対のドリフトピンを一本のドリフトピンに、高強度モルタルをエポキシ樹脂に変更することで、より小型の接合具を実現しました。最も大きなタイプで長期許容引張力が五・〇～五・五t程度の軸方向力の伝達が可能で、概ねBVDの1／5程度の性能となっています。

これらの金物は、部材の木口に装着して箱型の金物と引張ボルト（キャップスクリュー型、通常の普通ボルトはせん断用で頭の形状が異なる）によって部材の引付けが可能になり、接合部の引張剛性を高めることができる特徴があります。梁の上下二段に装着することにより曲げ応力を伝達することも可能ですが、曲げバネの評価がまだ認知されていないのが難点です。評価の方法は曲げ応力による引張応力部に、ホールダウン用の金物を用いた評価法が、日本建築学会の「木質構造接合部設計マニュアル」で紹介されているので、その評価式の中のドリフトピンのめり込みバネ定数で置換すれば、曲げバネ定数の評価が可能になると思われます。

木質軸組フレームの設計に際しては、骨組みの剛性の評価が重要で、特に鉄骨等との混構造を目指すときは、不可欠の特性です。更に、弾性剛性に加えて、経年変化によるクリープ変形による剛性低下についても、情報が不可欠です。

01-2

初めて作る大断面の木造

伊王野ゴルフ倶楽部

設計：一色建築設計事務所
構造：中田捷夫研究室

伊王野ゴルフ倶楽部のクラブハウスは、日米林産物協議の結果を受けて実施された、木造についての建築基準法が改正された直後に、大断面集成材による大規模木構造として計画されました。建築主の金沢昌一氏は、米国・オレゴン州ポートランドの空港で採用されていた大断面集成材による木造のクラブハウスを日本にも実現したいと考え、建築家・納賀雄嗣氏に設計を依頼されました。

ホテル併設のこの施設の床面積の1／2は壁式鉄筋コンクリート構造ですが、屋根とホール部分は大断面木構造で計画されました。

片流れ屋根の梁は、長いところで三〇mを超えるので、一本の梁として製作、運搬することはできません。「梁せいが一mを超える大断面集成材の梁を剛に繋ぐ」ことが設計時の最大の課題でした。ドイツ発祥の大型接合具BVDを梁の上下に装着する構法を採用することになりました。建築基準法第三八条に関する認定は受けたのですが、施工を担当された大手建設会社から、信頼性に関する疑問が提示され、支保工の撤去後には変形の計測を行い、変形の進行がないことを確認しました。この時期、広島県や滋賀県で比較的大きなスパンの木質構造に変形障害が発生しており、施工チームも初めての構法に慎重に対応したのです。

ＢＶＤはドイツで数百体の性能実験が行われていたので、性能の信頼性には自信がありましたが、グラウト材の注入は、計算で得られた量の注入と、滲出孔からグラウト材があふれ出ることのみでしか確認できないので、信頼性に不安がありました。しかし、竣工後二〇年以上経過した現在でも接合部の開きなどはまったく見られず、締め込みによる元応力の導入による接合具の信頼性に満足しています。

木質素材の使用で配慮すべきことに、「紫外線劣化」があります。一般的な建築では、構造躯体は仕上材で覆われていて紫外線から保護されているのですが、空間構造においては、躯体が露出する設計もしばしばあり、当建築でも外部に晒される、いわゆる「現し」状態の使われ方になりました。日本の伝統木造では、乾燥収縮の対応策として「背割り」や「芯去り」と呼ばれる手法が採用されてきましたが、集成材では集成する前に含水率を調整しているため、乾燥による収縮やねじれなどの変形は通常少なく、材の割れなども少ないのですが、接着に用いている接着剤が紫外線によって劣化し、接着部が剝がれることがあります。これを防ぐためには、紫外線吸収剤を含む塗料を厚めに塗布することが有効ですが、これも永久的でなく、定期的に塗り替えることが必要だと言われています。このような場合に備えて、外部に晒される部材では、割れなどの発生に備えて、ラミナを余分に増やす「捨て貼り」をするなどの対応が効果的で、この建物でも最外層に割れや剝離が起きても建物の性能が維持できるように余裕のある部材寸法を設定しています。

使用した木材はベイマツ集成材で、アメリカ西海岸で伐採、乾燥、集成が行われた部材を福島県内の集成材加工工場で接合部の加工をし、金物の装着やグラウト材の注入を行いました。現場でボルトの締め付けをすべて行い、金物の隙間には高い充填性のある高強度モルタルの充填を行いました。

検討すべき課題としては、組立時の「むくり」の設定があります。通常、完成後のクリープ撓み

伊王野ゴルフ倶楽部の外観（撮影：大野繁）

は、弾性撓みの二〜三倍とされていますが、木質構造の屋根では自重が小さいため、計算時の自重による弾性撓みは小さい数値になり、クリープ係数を考慮しても、その数値はそれほど大きくなりません。しかし、木材の乾燥収縮は材長に応じて大きくなるので、時には施工時のむくり量を超える撓みが発生することがあります。この建物では、柱の配置がランダムなため、梁のスパンが同じではなく、クリープ撓みもスパン毎に違っていました。しかし、架設時にはそれ程微妙な調整はできなくて、同一のむくり量を設定しました。竣工後十数年経った時点で、屋根に微妙な凹凸が発生しました。自然の素材である木質素材のクリープ量は、応力度レベル、樹種と含水率、使用環境などによって影響を受け、常に一定ではありません。しかし、それらをすべて考慮した「むくり」の影響を設計、施工時に考慮することは不可能です。木質構造においては、ある程度の不確定な要素があることを前提に、計算値以外の影響があることを覚悟して設計することが大切だと思います。

01-3 コンペで多雪地帯の大スパン木造

氷見ふれあいスポーツ・センター

設計：石本建築事務所
構造協力：中田捷夫研究室

多雪地域に計画されたアリーナの競技設計で、最優秀案に選ばれたこの建築は、私にとって大きな挑戦でした。大スパン構造の屋根架構には、躯体の軽量化を目指してトラス形式などのような比較的小径の部材を組立て、風や雪などの屋根荷重を地盤に伝達する計画が支配的なようです。この計画では、五〇×五〇mの大アリーナと五〇×二五mの小アリーナが要求されていて、初期の案では二棟分離して計画されていました。しかし、この案では二棟に挟まれたアクセス部分の空間をどう構成するかが課題となり、検討を重ねた結果、結果的に大小のアリーナを一つの屋根で覆う計画になりました。この結果、屋根は一〇〇×五〇m、五、〇〇〇㎡の巨大な空間を覆う架構で計画することになりました。

必要な空間を効率よく覆うために、「波型」の緩やかに湾曲した形状が選択されました。この形状を「トラス架構」で構成することは不可能ではないのですが、大きな断面の部材を節点に集めて接合するためには、ボールジョイントのような大型の接合具が必要になり、規則性のない部材が交わる接合部を精度よく管理するのは大変難しいと判断しました。結果として、最も曲げ応力を軽減できる架構の形状を採用して、製作可能な最も大きな断面の部材を、運搬可能な最大の長さで製作し、

氷見ふれあいスポーツ・センター外観（撮影：大野繁）

最強の接合具によって一体化する架構の実現に取り組むことにしたのです。

部材の樹種としては、美観と強度の観点から最も優れた樹種「サザンイエローパイン（ＳＹＰ）」を選び、最も一般的なE120の強度区分を選択しました。ラミナは一般に流通している最大幅の二七二㎜（2 inch×12 inch）を選びました。応力計算の結果、梁せいは大きいところで一、九二〇㎜となりました。

集成材の製作はＳＹＰの生育地である米国・ミネソタ州のＳＹＰ専門の加工業者（アラムコ社）で行うこととし、最長二〇ｍあまりの部材を船便で輸送することになりました。日本に到着後、石川県能美市の集成材工場（㈱中東）で接合部の加工、接合具（ＢＶＤ）の装着を行い、富山県氷見市の建設現場に運搬、架設（鹿島建設㈱）されました。当時、入手できる最大、最強の部材によって実現したこの建物は、集成材による大規模木造が始まった時点で、実現したわが国最大規模の木構造建築でした。

石川県能登地方は日本海に面した多雪地域で

アリーナ内観。長さ 100 m の大断面集成材アーチ梁の並列

は、沿岸でも一・五mの積雪を見込むことが決められています。多雪地域に立つ建築では、通常、屋根に傾斜を持つ勾配屋根を採用して、積雪荷重を軽減するのですが、このように大きな平面の構造物では、緩やかな曲面屋根を採用するのが精いっぱいで、雪下ろしなどによる積雪荷重の低減を図ることはできません。そのため、この種の規模と形状の建築では、雪を背負って越年することになるのです。木質構造の屋根は一般に軽量で、積雪荷重は屋根の自重を超してしまうこともあります。更に、この積雪荷重は、寒冷地では溶けることなく数か月間継続するので、設計に際してはクリープなどの影響にも慎重に配慮する必要があります。

積雪については、私には苦い経験があります。北海道のオホーツク海に面したある都市に、スパン二〇mの平屋の木造建築の設計を担当しました。現地の集成材工場で、梁せい一一〇㎝のカラマツ集成材を製作し、ＢＶＤ接合により設計したのですが、雪の多い冬のある日、屋根の梁に水平割裂が発生して、大きく垂れ下がってしまいました。幸い大きく撓んだものの破壊は免れて、ジャッキで押し戻した後、鉄骨で補強して修復したのですが、設計時には思いもよらなかったことが起きていました。

建設地の積雪量は六〇㎝と定められていて、すこし少ないなと感じてはいたのですが、そのまま設計は進んでしまいました。現地へ駆けつけて驚いたのですが、屋根には一・五ｍを超える雪が積もっていたのです。二週間ほどの間に、六〇㎝の雪が三度も降ったそうです。日中でも外気温は〇度を超えないため、屋根の雪は溶けずに累積していました。更に日中の室内の暖気が屋根裏を温めて屋根の雪を溶かして霙（みぞれ）状態になり、屋根表面の雪は霙状態となって、雪の比重は想定した〇・三の数倍にもなっていたのです。陸屋根で排水できない屋根は、プールのような状況になり、仮定荷重の安全率を遥かに超える重量になっていたのです。梁の接着部がせん断力に耐えきれず、水平の剝離が起きました。大スパンの屋根を陸屋根で設計する際には、十分な余力を見込む必要があるのでしょう。

法律で定められた荷重条件で設計しても、「自然」の現象は思いもよらぬことを引き起こすことがあります。木質構造は、ＲＣ造やＳＣ造のように、躯体の重量が重く、風や地震で断面が決まっている場合と異なり、積雪で部材の寸法が決まる場合があります。法の要求を満たすことは必須の条件ですが、それはあくまでも社会規範として必要とされることであり、実際に起きることとは常に一致しているわけではありません。実体を想像して対応する力を養うことが、設計者には必要だと思います。

01-4

愛媛の山間にドイツ製金物が活躍

乙亥会館

設計：大建設計工務（愛媛県松山市）
構造：中田捷夫研究室

愛媛県の山間に位置する西予市野村町は、天保年間に火災安全を祈願して奉納された乙亥相撲の町として古くから知られてきました。野村町のほぼ中心部の野村ダムを上流に持つ肱川の川辺に位置する乙亥会館は、平成一六年に建設されました。両国の国技館を一回り小さくした四三×四三mの八角形の屋根を、単層のフレームで構築することが計画されましたが、この案では最大の部材長さが二二mにもなって、運搬が不可能なことがわかりました。屋根の頂部にほぼ一〇m角の鉄骨フレームを配置して、材長の短縮と中央部での部材の集中を回避する計画に変更しました。主梁は一七一～二二二㎜×七五〇～一、〇〇〇㎜のベイマツ集成材で、強度等級はE120–F330を採用しました。小梁は、樹種：スギ、強度等級：E75–F240としています。

最大の難題は、交差角度の異なる四本の梁を剛（曲げ応力を伝え合える）に接合することで、当時、建築基準法第三八条の一般評定を得ていた〝ＢＶＤ接合〟によって曲げモーメント接合し、金物が一切見えない接合を実現しました。施工にあたっては、外周と中央に構台を設けて、あらかじめ〝むくり〟を持たせて接合しています。角錐台に近い形状のため、屋根の合板を取り付けると全体に剛性が高くなり、リング方向の繋ぎがなくても、十分高い剛性を持つ屋根が実現しました。

構造の最大のポイントはＢＶＤ接合です。ドイツ生まれのこの金物は、実験では最も大きい番手のもので最大八〇ｔ超の破断耐力を記録しています。この金物を梁の上下二段に装着すると、曲げモーメントの伝達が可能になります。最初にこの金物でモーメント接合した伊王野ゴルフ倶楽部の梁は、二〇数年を経過した今でも接合部の緩みは見られないと報告を受けています。これは梁—梁間の接合では、曲げ応力による軸方向力が材軸に平行な繊維方向同士だからで、梁—柱の接合部のように片側が繊維直角方向の場合はめり込みによる変形のため、接合部の回転剛性は通常、小さい値となります。この形式による接合のバネ乗数の評価は、日本建築学会の接合部設計マニュアルなどで計算の手法は示されていますが、現実の設計での受け入れは難しいようです。計算による柱—梁接合部の回転剛性の評価ができれば、木軸ラーメン構造は飛躍的に発展するに違いありません。

相撲の屋根が吊り下げられた体育館の内観

01–5 小嶋さんから初めての協働依頼

吉備高原小学校体育館

設計：C＋A
小嶋一浩＋赤松佳珠子
構造：中田捷夫研究室

吉備高原小学校は、建築家・小嶋一浩さんとの最初の協働プロジェクトです。建築家・城戸崎和佐さんの推薦で、佐世保の鈴木木材工業㈱本社の集成材建築の魅力を見て、僕もつくってみたいと言われたそうです。

この小学校は、七〇×七〇ｍの敷地の中に、教室棟、食堂棟と体育館棟を配置した平面計画で、教室棟と食堂棟は軒までをＲＣ造、屋根を中断面の集成材の一方向梁で構成し、体育館棟は一階をＲＣ造、二階（観覧用の回り廊下）を鉄骨造として、屋根を大断面集成材による二方向格子梁構造で設計しました。随分複雑な構成になっていますが、耐火性能上の要求があり、この方法が選ばれたのです。

二方向格子梁構造としたのは、屋根の辺長比が一・五以下で、二方向に荷重が分散して伝わるためです。設計の時点では、木材の接合で十字型の接合でも、曲げ応力が確実に伝達され、元応力の導入などによって接合部に緩みがないと判断されれば、部材は剛に接合されている設計が認められていました。しかし、現在では、引張側の伸び変形と圧縮側のめり込み変形を考慮した弾性バネの設計が提案されているものの、めり込み変形に対する論理的な評価法が確立されていないため、行

BVDによる格子梁接合部のディテール

政的には受け入れることが難しいのが現状です。確かに木質素材の力学的な特性値にはばらつきが多く、理論的な評価が難しいことは理解できますが、さりとて「接合部の曲げバネをゼロとして」計算することが常に安全側の仮定になるとも限りませんし、もう少し大胆に、例えば剛とピンの中間の数値の想定を導入して、半剛接の仮定を認めるなどの方法を模索するのも大切かと思います。「接合部の剛性が評価できないからゼロにする」ことは、決して合理的な設計とは限りません。大梁に支持された小梁の接合部をピンで設計することは、小梁の変形のチェックには安全側の仮定ですが、大梁のねじりにとっては危険側の仮定になります。数値の評価ができないからといって、実際の挙動まで変えてしまうことは避けたいものです。

この時代に、ＢＶＤ金物によってモーメント接合をした実例は数多くありますが、この金物では締め込みによって初期張力が導入されているので、現在に至るまで特に不具合が発生した例は報告されていません。

しかし、ＢＶＤの小型版とでもいうべきＣＰ接合では不具合が報告されています。比較的間口の大きな三層一スパンの門型ラーメン構造において、梁中央部のたわみが計算値をはるかに超えて増大しました。正確な原因は不明ですが、梁の端部は柱とモーメント接合され、接合部に曲げバネが設定されていたと思われます。しかし、引張側のボルト座金の柱へのめり込み変形や柱材の乾燥収縮による緩みなどが評価されてはおらず、これが主な原因と考えられています。このような形状のフレームで曲げ接合をする場合は、梁端の緩みを想定して、十分安全な梁寸法を選択するなり、引張ボルトの増し締めが可能なディテールを用意するなど慎重な対応が必要です。計算で評価できない場合は、実験で確認することなどが有効だと思います。

現在、モーメント接合として、唯一鋼棒挿入型接着工法が普及していますが、細くて長い穴を木口に開けるこの工法は、穴の直線性を含めて高い精度が要求されます。私は鋼棒に変えて、炭素繊維棒とエポキシ樹脂による湿式接合の実現性が高いと考えています。炭素繊維は、強度は鋼棒より高く、軽量で、現場での切断も簡単なので、樹脂注入後の硬化するまでの間の固定が可能であれば、場所の如何を問わず施工可能です。これはほんの一例ですが、木材の構法については多くの可能性が残されています。釘やコーチボルト、ドリフトピンやボルトなどの乾式工法だけでなく、このような湿式構法や現場でのフィンガージョイント接合なども一日も早く実現することを期待しています。

01-6

新しい時代の木造建築の展開に応えて

鈴木木材工業㈱本社

設計：城戸崎和佐建築設計事務所
構造：中田捷夫研究室

この設計は、ＢＶＤ金物が、伊王野ゴルフ倶楽部、氷見ふれあいスポーツ・センターにおける建築基準法第三八条の個別認定の実績を積んだ後、性能が実証されたとして「一般評定」を得て、確認申請によって使用が可能になった最初のプロジェクトとして印象深いものです。九州地方の木材の流通の要であった鈴木木材工業㈱の設立五〇周年記念の事業として、木材活用の未来につながる新しい試みを模索しておられ、その結果、米国産の大断面集成材とドイツ生まれのＢＶＤ接合具による斬新なデザインの建築が取り上げられました。

更にこの計画は、建築家・城戸崎和佐さんが伊東豊雄建築設計事務所から独立され、新しく設計事務所を開設された記念すべき最初のプロジェクトでもあります。

その頃、中小断面の集成材は日本でも流通していましたが、大断面集成材の活用は一般的ではなく、情報も乏しい中、木材関連会社としてのシンボルになるような建築の提案を期待しておられました。佐世保に本社を置く鈴木木材工業の鈴木泰彦氏を紹介され、どのように提案すればよいか思案した結果、私たちは木質構造の未来を見据えた新しい形の木造建築として、一階の中央に吹抜を持つ矩形平面の二階建で、大断面集成材による軸組構造を提案しました。鈴木氏は一瞬戸惑われた

二方向の平面格子梁構造屋根による建物内観

ようですが、直ぐに主旨を理解を示され、提案を受け入れていただいたのです。

屋根は大断面集成材による二方向格子梁とし、鉛直力は外周の柱で支持する計画としました。地震力などの水平荷重は、四隅に設けたＲＣのコアから鋼棒の水平材で屋根と緊結し、コアを介して地盤に伝える仕組みとしました。建物内には壁などの面的な要素を排してコアに集約し、屋根の浮遊感の創出を目指したのです。この設計により、城戸崎氏は栄えあるＳＤレビュー賞を受賞されました。

建物の構造の特徴としては、次の二点を挙げることができます。

第一は、ＢＶＤ金物による二方向格子梁です。格子梁の屋根面は「ねじり剛性のない平面板」のような構造特性を示すため、梁間だけでなく桁行方向にも曲げ性能が必要でした。梁の上下二段にＢＶＤハンガーを装着して、短辺梁の側面を貫通ボルトで縫って両側のハンガーを緊結することによって曲げの伝達を可能にしています。現在の法規では、曲げバネの評価法が認められていないので、実験などの裏付けが必要になると思われますが、剛接と仮定しても実用上の不具合は発生していません。実際の構造計算では、木材の弾性バネの評価が問題視されますが、それよりも木材の乾燥収縮による緩みの方が影響が大きいと思われます。

第二は、鉛直荷重と水平荷重の伝達機構を分離したことです。屋根は、二方向の平面格子梁で構成されています。屋根自重などの鉛直力は、桁行方向の外壁面に配置された柱列でのみで支持されていて、水平力に対しては抵抗することができません。地震や風などによる水平力は、四隅のＲＣコアの天井に取り付けられた鋼材の引張材で屋根を緊結して、地盤に伝達する仕組みとなっています。

これらの手法は、空間構造の設計に際して、特に目新しいものではないのですが、それが意匠の発想とマッチすれば、個性豊かな設計となるように思います。

私がこの計画に接した最初の計画は、長崎のグラバー邸をイメージした木格子をテーマにしたデザインでした。しかし、その頃からアメリカの中大断面木造の技術がわが国にも広がって、その魅力を活用した建築を作りたいと考えていました。規模はそれほど大きくはありませんが、内部に柱を設けることなく、外周で一体化された木造の屋根を支持するためには、どうしても「二方向格子板」が必要でした。このプロジェクトでは、アメリカの木質構造の現状を調査し、集成材の製造工程や建設現場を見学するため、建築主、工事担当者、建築家と構造担当者でプロジェクトチームを組んで、アメリカへ渡ったことは私にとって大きな経験でした。その後、全米合板協会の支援によって、日本の多くの技術者がアメリカへ視察に行き、木造について学びました。その時のメンバーが、現在、日本で中心的な活躍をされているのは大変嬉しいことです。

01-7

博覧会の仮設構造に機械式接合は有効

夢みなと博パビリオン

設計：杉本洋文＋
計画・環境建築
構造：中田捷夫研究室

一九九七年七月から二か月半に亘って、鳥取県境港市で開催された「ジャパンエキスポ鳥取'97山陰・夢みなと博覧会」は、日本海側の都市で開催された珍しい博覧会でした。木質構造に関する構造規定が緩和されたにもかかわらず、国産の集成材がなかなか普及の兆しが見えないため、外国からの輸入材によってテーマ館は建築されました。私自身、もともと「木材」についての経験は浅かったのですが、期間限定の仮設建築ということで終了後の解体の利便性も考慮して、「ボルト接合」による乾式構造として設計に臨みました。

ボルト接合で大切なのは、「接合部の緩み」による架構の変形でした。ここで問題にした変形は、施工時に必要なボルト孔の遊びによる「緩み」であり、部材応力とは関係のない変形でした。この変形には、架構の組立時に支保工で支持されているときに、十分締め込んだはずの接合部が、支保工が撤去されると締込みが緩むことがままあります。屋根の「むくり」量の設定は非常に難しく、技術者の経験が重要です。幸い展示上の支障は起きず、安堵した記憶があります。

展示計画上必要な広さは、二四ｍのクリアスパンが要求されていました。単一梁によるスパン二四ｍの門型ラーメンフレームの並列構造としました。当時、伊王野ゴルフ倶楽部場と氷見ふれあい

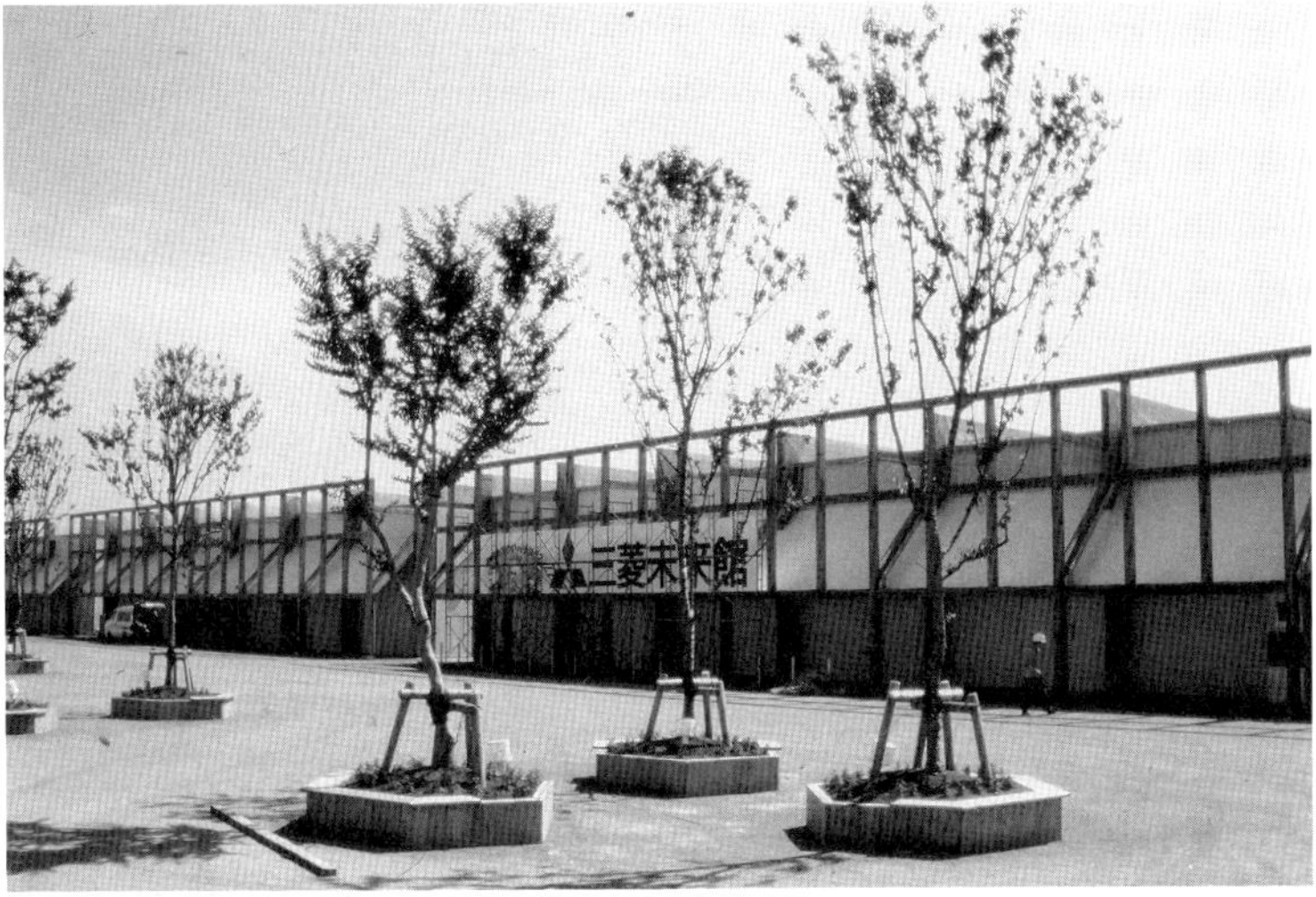

展示棟の外観。仮設建築のため梁は外部に現しとした

スポーツ・センターでBVD金物を経験し、曲げ応力を伝える接合部の可能性は経験済みでした。集成材の梁は、長さが二〇m程度までの製作は可能でしたが、単一部材での設計には長さが不足していたのと、運搬に際しての道路事情から三部材に分割し、門型フレームの長期荷重時の反曲点近くで接合することにしました。柱と梁のL字型のモーメント接合については、実例がなく、初めての試みになりました。使用した樹種はベイマツで、寸法は二三二×一、一〇〇㎜でした。会期終了後は解体して移築すると聞いていましたが、その後の情報はありません。

接合に用いた金物は、ドイツ人のPeter Bertsche氏の開発したBVD接合システムで、開発当時から現在に至るまで、実用化された最強の接合具です。当時、この金物は、建築基準法第三八条の一般評定を得て使用が可能になっていましたが、鍛造品のため価格が高く、かつ納品に時間がかかるため、代替品が使用されたと聞いています。

この接合具は、平成一二年の旧建築基準法第三八条が廃止された際に、この商品の日本での販売

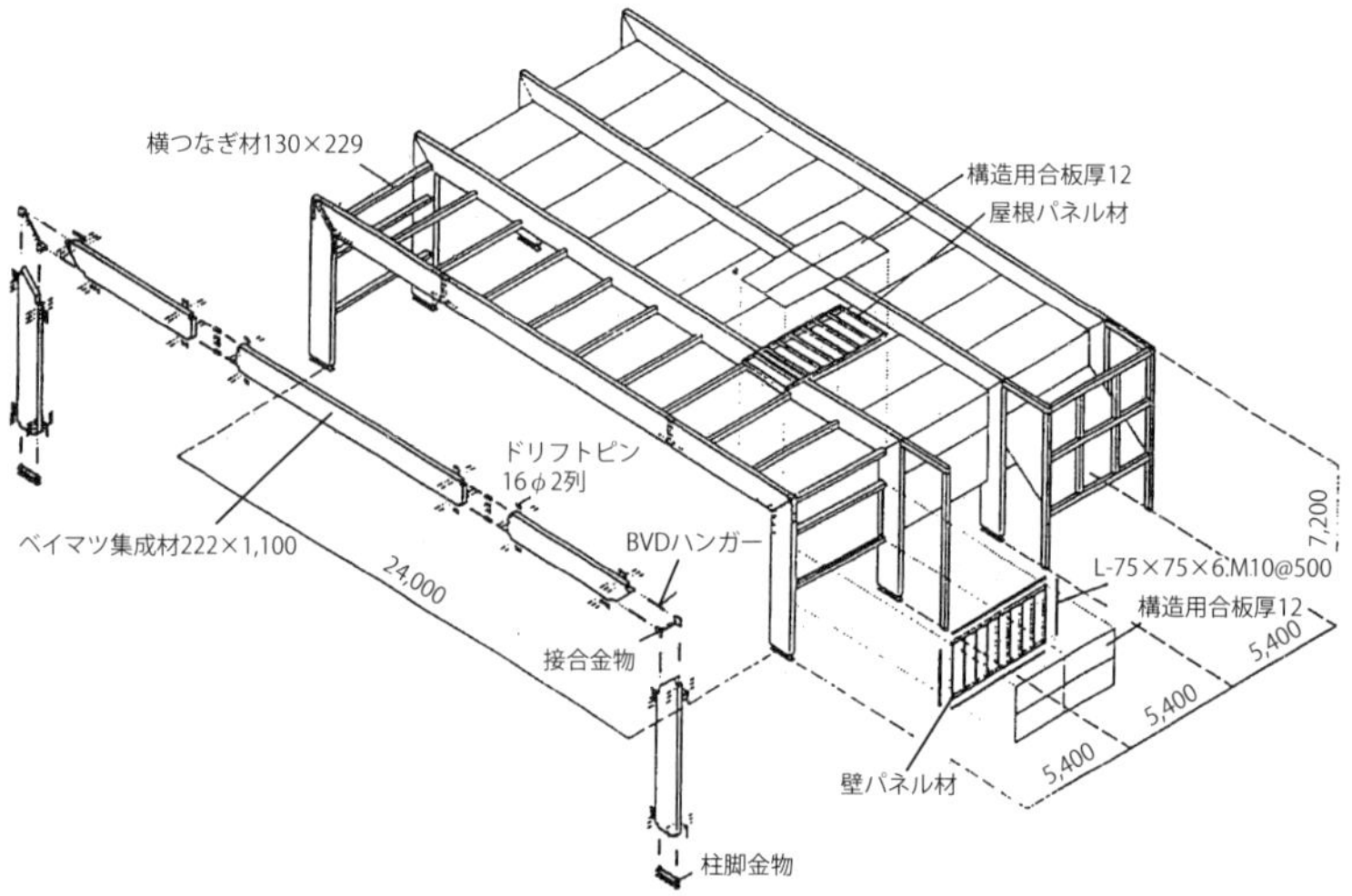

大断面集成材による一方向門型フレーム架構

権を有する会社が解散したため、現在では〝まぼろし〟の金物になってしまいました。

ハンガーと呼ばれる鋼棒にはSCM435という、クロムモリブデン鋼の鍛造品、充填材には高強度モルタルが採用されているので、これらがＪＩＳ規格の適合品でないことと、建築基準法施行令による許容応力が与えられていないため、そのままでは国内基準に適合せず、平成二八年に復活した新第三八条認定を得るには、新しく評価式や実験による実証が必要でした。ドイツで行われた膨大な量の実証実験に基づくDIN approvalは、それなりに十分信頼のできる基準なのですが、それはあくまでも欧州の仕組みであって、わが国では認められないのが残念です。

現在のわが国の木質建築の現状は、特殊な接着構法を除くと、国産材と在来木造用の金物が主流になっていて、新しい接合具が生まれる気配はありません。現在の金物の性能は、計算によって評価されるのではなく、実験によって決められるのが主流です。もちろん、「木材」という不確定要素の多い素材の特性を数値化することの難しさは理解できますが、現在の集成材は計算に耐える程度の十分な品質を有していますから、計算による耐力評価についての基準化は可能ではないかと思います。今や、木材の使用は世界的な流通の仕組みの中で日常化しています。しかし、国の施策は国産材の活用に重点が置かれ、設計法も国産材活用の技術に留まっています。

壁量計算による設計法は、簡便ではあっても、接合部に発生する応力を正確に評価することを要求してはいません。「仕様設計」は設計の自由度を目指したものですが、性能を保証するものではありません。ある程度の規模や形状の木造構造については、計算によって評価する木造設計法の普及が必要だと思います。

わが国の大部分の木質構造の設計は「仕様設計」に留まっています。コンピュータツールの普及とともに、そろそろ「性能設計」に移行する時期に来ていると思います。現に、少し複雑な形状の躯体は、立体骨組みで設計することが多くなりました。これに伴い、金物の設計もある程度自由に選択される時代になりました。しかし、ＢＶＤ金物のように欧米では流通していても、日本で使えないものもあります。「接合具」の国際化が待たれます。

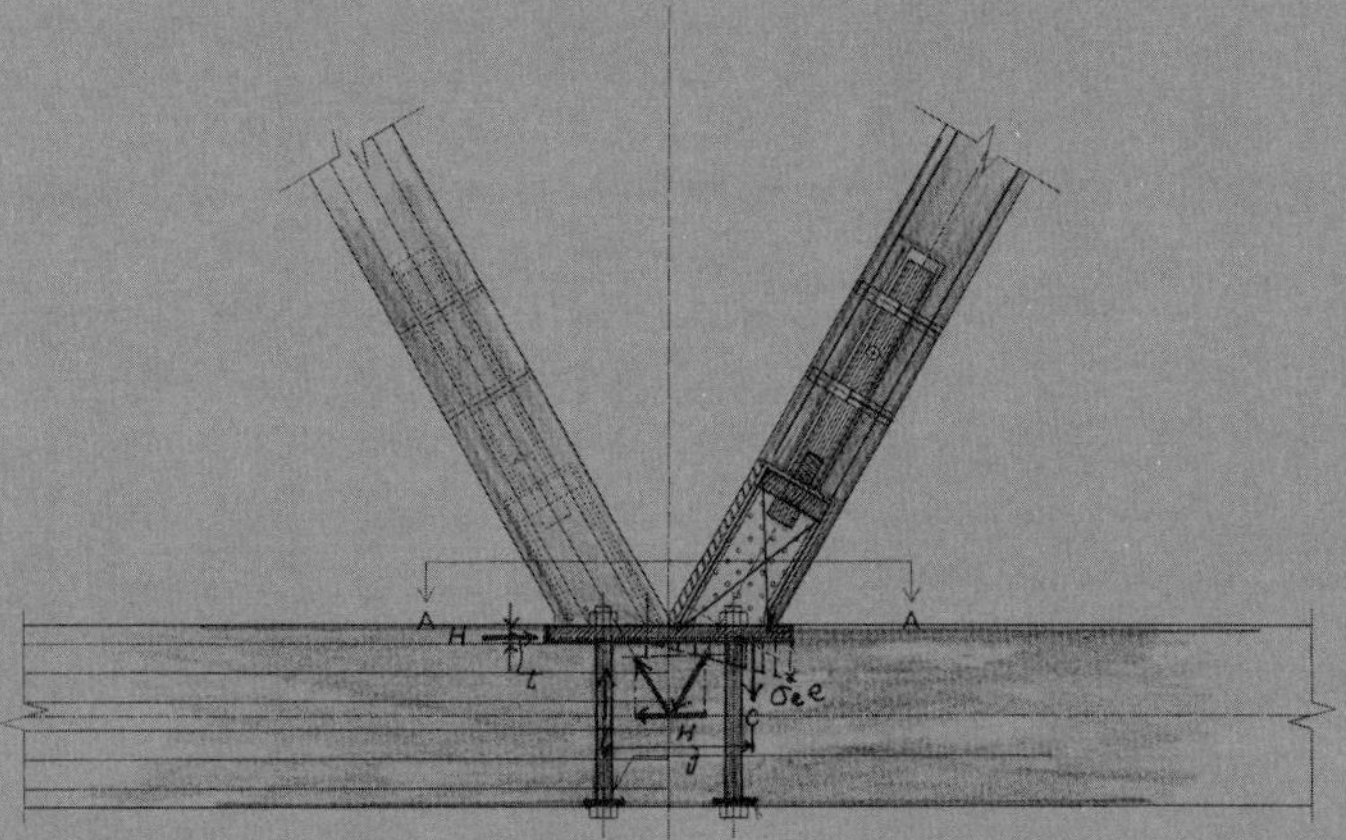

A－A断面図

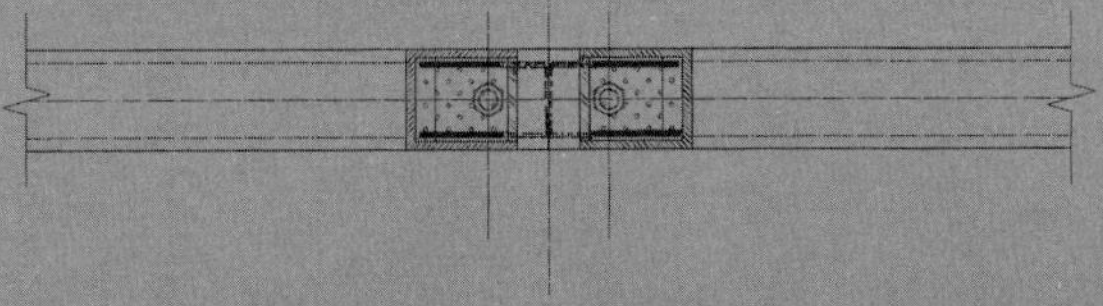

02

中小断面集成材の語りごと

02-1
中小断面集成材による木造建築の計画

「中小断面」と特別に断ることに、意味があるかどうかはわかりませんが、建築の用途によっては建物の構成が複雑で、規模もそれほど大きくないものでは使える材料の種類や構法も多種多様で、設計時に迷い、悩むことが多いのです。この種の建築にあっては、構造の必然性というより、意匠的な発想をいかに木質素材によって実現するのかが設計において最大の課題になります。構造の合理性をややないがしろにしても、部材の形状や寸法の選択によって意匠を優先することが大切です。ただ難題は、構造の合理性をどの程度崩すのかという度合いです。崩しすぎた構造のシステムが仮に意匠の要求を満たしていたとしても、構造非合理の建築が美しいわけがありません。古来、「構造の美しさは合理性の近傍にある」(坪井善勝先生)という考え方もあって、「合理性を失わない程度の合理性崩し」という難解な対応が求められているのです。

実際の設計において、常にこのような発想を意識してプロジェクトを進めることは必ずしも現実的ではないし、何が合理なのかを明確に説明することも難しいのですが、少なくともそれぞれの決定には何某かの根拠をもたせる姿勢だけは維持してきたつもりです。「何故そうなのか」の決め手を捨てたとき、構造設計の意味がなくなると思います。

この考えは私が古くから持ち続けてきた「こだわり」とでも呼ぶべき対応ですが、この発想の実現を阻む設計条件は、「経済性」という要求です。建設はあくまでも建築主の経済的な行為なので、予算の壁は時には力学上の合理性などという設計者の発想を、大きく支配することが多々あります。構造設計者の役割は、社会の期待する規範に適合する構造を計画すると同時に、建築主の予算にも見合ったものにする必要もあります。この兼ね合いの中で双方の条件に最も近い解を求めることを、今まで求め続けてきたと思っています。

構造計画に関して、もう一つ指摘しておきたいことがあります。それは構法についてです。わが国には千年以上の歴史を持つ伝統的な構法があり、木材の伐採から、製材、加工、組立に至る一貫した社会システムが出来上がっています。仕口と呼ばれる接合法と、工場での機械加工によって、日本の住宅需要を満たしてきました。釘などの接合具を使わないで、接合部の切り口形状の工夫によって応力の伝達を図るこの構法は、十分余裕のある大きな寸法の部材が手に入るときはそれなりの性能を確保できたものの、部材の小径化に伴って仕口の性能に不自由な状況が生まれることもあり、次第に金物による接合が推進される状況が顕著になってきました。

もちろん仕口による接合の時代にあっても、簡易なボルト接合や羽子板金物といった引付けの効く金物は利用されてきたのですが、これらはあくまでも補助的な用途の利用にとどまり、梁のせん断力などは相手の梁の欠込み部分に差し込んで伝達する「枘」と呼ばれる仕組みが主力でした。

金物構法の主力は、鋼板挿入型ドリフトピン接合と呼ばれる構法で、材の中央に設けたスリット状の切り口に孔の空いた鋼板を挿入し、ドリフトピンやボルトを木材を貫通するように差し込んで、せん断力によって材軸方向や材軸直交方向の力を伝達する接合法です。鋼板に変えて鋼棒を挿入し接着剤によって接合する方法や、鋼棒を貫通するドリフトピンによって接合する方法など、種々の構法が提案されています。

中小規模の木質構造では、これらの金物を接合部の納まりの都合で、部位毎に異なった接合法が用いられることが多いのですが、耐力が同じでも剛性や変形が異なる接合具で組み立てられた構造体の性能は正しく評価できないことが多いので、設計には慎重さが必要だと思います。

設計法で気になることは、「壁量計算」による安全性の検証です。「壁倍率」という考え方は、構造性能の簡易的な評価法として普及してきました。

「壁倍率」という概念は、異なった素材による耐力要素で構成される躯体の耐力を評価する簡易法として発案されたと言われています。「同一の変形角を生じさせる」水平力を累加することで、建物の水平耐力を評価しようとするこの方法は、竹小舞による土壁や石こうボードの耐力も評価でき、在来木造の評価に役立ってきました。壁量計算はこの壁長の総和と配置に規定を設けることで、建物全体の耐力の評価を試みるものです。しかし忘れてならないのは、あくまでも「同一変形角」のときに「耐力の累加」ができると言うことです。このためには、床の面内剛性が十分大きいことが前提となります。しかし、残念なことに「十分大きい床剛性」をどう評価するかについての根拠のある方法は確定していません。大きな吹抜や火打ち梁のない床構造では、累加された水平力の数値に誤差が生じることは認識しておく必要があります。

木質構造は鉄骨造やＲＣ造に比べて、部材数が大変多く、接合部の数も多い構造です。近年、構造解析ソフトの普及によって、部材レベルの計算が可能になりましたが、同時に接合部の緩みも累積されます。計算に現れない構造の誤差をあらかじめ見込んでおくのも、設計者の役割なのではないかと思います。

02-2

ダムの移転で複合的な諸施設実現

奥津温泉「花美人の里」

設計：杉本洋文／
計画・環境建築
構造：中田捷夫研究室＋
力体工房＋中野稔久

岡山県の北部、鳥取県との県境に近い奥津温泉に建つ「花美人の里」は、奥津温泉の活性化のために企画された総合的な観光施設で、スギ製材による回廊、丸太製材による共同浴場、大断面集成材による多目的ワークルーム、S字型湾曲材ユニットによる大ホール、中断面湾曲材による植物園と色々な構造形式による建築群として計画されました。杉本洋文氏率いる複数の建築家、複数の構造家チームの独自の発想によって実現された建築群は、それぞれが個性豊かな空間を作り出しました。

建設当時は、今のように3DのCADが普及していなかった上、設計者にとって未経験の技術でもあったため、それぞれが手探りで設計に挑戦しました。中でもS字型のユニットを積み重ねた基本ユニットを楕円状に配置した大ホールは、設計者・岡部喜裕（力体工房）と施工者・㈱中東にとって大変な難題でした。S字部材を三段に重ねた基本ユニットでは、部材に曲げが発生するものの、鉛直方向には荷重を伝える能力があることは感覚的には理解できますが、ドーム状に配置した骨組みを、リング方向に如何に結合して、安定した骨組みにするかには多くのケーススタディが必要でした。

意匠上の視覚的な要求もあって、結果的には実施案のように、引張力しか発生しない部材は鋼棒

（テンションロッド）で対応し、設計が完成しましたが、風洞実験を実施したわけでもなく、応答解析をしたわけでものないので、すべての力学的な特性が明らかになったわけではありません。現在の解析ソフトを活用すれば、詳細な立体骨組みとしての解析が可能ですし、場合によっては最適化の手法を駆使してもっと効果的な部材配置を見つけることができたかも知れませんが、少なくともその時点においては安定する仕組みを見つけ出すのが精一杯でした。

施工上の難題は、設計時の難問以上でした。私は本当にできるのか迷っていましたが、木軸躯体の製作を担当した業者の責任者（小坂勇治氏）の情熱を信じて実施に踏み切りました。曲率を持つ集成材では、あらかじめラミナに強制曲げ変形を与えるため、許容応力度の何割かが先行応力として部材内部に発生しているので、付加荷重によって使える応力が少なくなってしまいます。その度合いは、ラミナの板厚と曲率半径とに支配されるので、曲率中心が二か所のS字形状では曲率半径が一定ではないので、本当の部材応力がどれだけなのかの推定が難しく、設計では最大曲率の部分での許容応力度の低減で対応したと、記憶しています。

ホールの形状は疑似回転楕円体で、リング方向の鋼製ロッドのリングテンション効果が有効に作用しているものと思われます。最近、リニューアルオープンしたと聞いていますが、特に構造上の不具合は報告されていないので、構造としての機能は満たしてきたと内心安堵しています。

建物の設計には、わからないことが沢山あります。法律で要求している確認事項をすべて、数値で明らかにしなければ建設が許されないのですが、これらの要求をすべて満たしたからといって、建物のすべての性能が明らかにされたわけではありません。最近、「想定外」と言われる現象が沢山発生しています。このようなことが起きるのはある意味「当然」のことで、法で要求する条件は起きうる種々の外力・外乱の中の公約数的なものに過ぎないのですから、設計に際しては条文に示されていない事柄をイメージして、設計を組み立てる想像力が要求されると思います。近年、構造計算ソフトの普及で法的に要求されるメニューに対して、正確に対応することは可能になりましたが、それだけでどんな災害に対しても安全が担保されたと考えるのは、必ずしも正しくないことを認識したいものです。

多目的ホールの内観：S 字型部材と鋼製ロッドで構成（撮影：小林浩志）

02–3 軽井沢に出現した数寄屋風の結婚式場

軽井沢クリークガーデン

設計：山本良介アトリエ
構造：中田捷夫研究室

建物を設計する時に、構造設計者がどのような役割を担うのかは、計画毎に常に異なることは当然のことです。基本的には、「構造の安全性」を如何に担保するかが必然の課題であることに変わりはありません。この建物は、建築家・山本良介氏との協働の中で、最も複雑で、構造的な発想が脇役になった計画でした。

建物は幾つかの異なる機能を持った施設の集合として計画されましたが、そのどれ一つとして同じ構造システムで成立しているものはなく、同じ形状の部材を見つけるのが困難なほど、異なる多くのパーツで構成されています。当然、各々の部材の存在応力の大きさは異なるし、ましてや地震時の挙動など、実態を再現できているとはとても思えない状態でした。意匠の要求にどう応えるかで精一杯だった、と記憶しています。しかし、幸いなことに建物は木造の軽量構造であり、ほとんどが平屋の低層建築であったため、何とか地震時の応力伝達システムを構成でき、モデル化することによって部材応力の把握が可能になりました。

設計という作業は、基本的には机上の作業であって、実体を想像して仮想の建築を作り上げることですが、さてそれを実際の建物に作り上げるためには、それぞれの部品を製作する作業とそれを現場で組み立てる作業が必要になります。施工者は設計趣旨に見合う施工図を作成し、加工業者が更に製作図を作成します。建物が実態として計画から竣工に至るためには、この三つの過程の連携を如何に正確に成立させるかが最大の課題だと思います。

幸いこの頃には、応力解析のソフトやCAD、CAM技術がそれなりに普及し、手作業では到底できないディテールも製作できるようになっていました。

現在では、形の数値化技術が普及して、人間の手作業では到底不可能な形状でも、3Dで図示できたり、製作したりすることが可能になりました。しかし、これらの技術は「ものつくり」の領域は広めてくれましたが、技術者から「想像力」を奪ってしまいそうな気がしてなりません。

建築といった多くの部品で構成される構築物では、すべての部品の内部応力や挙動を明確にすることはできません。荷重として唯一確定できるのは「重力」のみであり、地震力や風荷重、それに積載荷重にしてもすべて「想定荷重」です。これらは社会的な一つの「約束事」であって、実体ではありません。ですから、厳密にいえば、「安全率」などという概念は、「仮想」の数字にしか過ぎず、設計は所詮、想定の領域から抜け出すことはできないのです。

これは改めて言うまでもなく、当然のことですが、コンピュータがはじき出す数字は、少なくとも物理的には「工学的に意味のない桁数」まで打ち出してきて、設計が「数百分の一」や時には「数千分の一」の精度で安全の確保が保証されているような錯覚を与えてしまいます。特に、「木質材料」と言った素材は自然の素材を原材料とした加工品であり、決して均質な素材ではありません。含水率の変化によって強度や剛性は大きく変わるし、一本の木材の中でも中心部と外周部で密度が異なります。

軽井沢クリークガーデンの設計では、大胆なシステムモデル化を行い、建物の全体的な挙動の把握を目指しました。時には、部分モデルに置き換えて、手計算も併用しました。

完成した建物は、恐らく建築家にとっての記念碑的な建物として、この施設で結婚式を挙げられた人たちの記憶に残ると思います。

この建物の設計を通して、私は多くのことを学びましたが、取り分け施工業者の貢献が如何に大きいかを学びました。構造設計者の仕事は、建物を構成する部材の大きさや形状を決め、それらをどのように組立て、接合されるかを示すことですが、施工者の施工図を作成する部門の作業は、通常あまり注目されていないのが現状です。しかし、設計者が書いた図面を製作可能な内容にするために製作する「施工図」は、通常あまり表面には表れてこないのですが、このような複雑で構造＝仕上げの建築では、組立が可能なだけでなく、意匠的にも評価に耐えられるものになっている必要があります。設計、製作、組立、意匠のすべての調整がここにあり、施工業者の担当者は言葉にならないくらいの努力をしていました。夜中の二時、三時にファックスが来ました。

設計図のデータ化に伴い、施工図や製作図は機械的に作成する時代になりました。一旦、設計者が図面を製作すると、途中、人の目に触れることなく、作業は進んで行きます。この流れの中で完成される建築が、私たちにどのような感動をもたらしてくれるのか、大変気になるところです。

チャペルの内観。湾曲材と鋼棒の複合材

02-4 隈研吾さんの設計ルーツとなる建物

雲の上のレストラン

設計：隈研吾建築都市設計事務所
構造：中田捷夫研究室

恩師坪井善勝先生が他界されて、手探りで構造設計の事務所を立ち上げて間もなく、建築家・隈研吾氏から構造設計の協力についての打診をいただきました。坪井研時代の設計は、ほとんどが鉄骨構造や鉄筋コンクリート構造の建築で、木質素材の建築などまったく未経験でしたが、その素材の使い方の自由さにとても興味を覚えたことを記憶しています。高知県最西端に位置する梼原は、自然の資源である木材の豊富な地域で、中でもスギ材の出荷地として町起こしを目指していました。この「雲の上のレストラン」は、そのシンボル的な施設として最初に計画され、以後、隈研吾氏の一連の魅力的な建築群を生むきっかけになったと思います。

地域性を中心に据えた木材を最大限に活用した計画ですが、決して木材にこだわることなく、鉄やコンクリートといった素材も必要に応じて自由に使われました。

木質素材についても、この時点では、国産の集成材はまだ流通していなくて、山から切り出した木材は、長さ六・〇mで伐採されていました。これは木材を運搬する林道が整備できていなくて運搬できなかったことや、当時の住宅のほとんどが二階建で、通し柱でも六mあれば設計できることにも原因がありました。以来二〇年以上経った現在でも、一般の流通材は六・〇mが規格材の標準になっています。

この建物のデザインの特徴は、美しい船形の屋根とそれを支える繊細な柱列にあるので、製材でどのようにこのデザインを解決するのかが課題になりました。

船形の曲面屋根は、今の時代では湾曲集成材によって何の問題もなく実現できるのですが、直線の製材だけしか使えない時代では、折れ線のトラス梁による以外方法は見つかりませんでした。木材に鋼板を添えてボルトで接合する方法は、当時の建築ではしばしば用いられていたし、HTBや溶接の接合が今ほど普及していない時代では、ボルトやリベットによる接合がきわめて普通に使われていました。そんな時代に育った私にとっては、木材の設計でもそれに倣って行うことに、特に抵抗はなかったのです。

池の中から立ち上がる屋根を支持する柱は、長さが長く一本物の木材では対応ができませんでした。二本を継ぎ足して鉛直力の支持をすることになったのですが、柱の接合にはどうしても鋼材の使用が必要になり、鋼板挿入ボルト接合で一体化しても、柱の座屈長さを考慮すると耐力が大きく低下してしまうことになります。外気に晒される製材の柱の割れやねじれを考えると不安を覚え、角形鋼管を中心に配置しました。木材を外周に配して組立柱として曲げ剛性を高め、座屈長さを大きくするために、更に鋼管の中央部から鋼製のアームを出してテンション材を配置し、座屈に対応することにしました。

近年の建築技術の発展は目覚ましく、おおよそ形さえ決めれば、実現できないものはないと言われるほど、何でも作り出すことができます。「思いつくもので、できないものはない」と言われる時代になったのかも知れません。しかしながら、今の時代は構造の論理や、ましてや「合理性」などという概念の意味合いが以前と比べて格段に低くなってきたことは確かです。「不自由さ」は無価値ではなく、不自由だから工夫して作ることに「デザインの多様性」を見出すことができたのではな

正面外観。舟形屋根を中央支柱から懸架する

いかと思っています。今の時代に、もし十分な長さの部材が手に入っていたら、あの柱のデザインは生まれなかったに違いないと思います。

不自由さの中で、構造の合理性を大切な価値観として設計してきた時代は終わったのでしょうか？　本書のメインテーマである「ちからとかたち」は、その間に密接な関係があり、それは力学の世界だけでなく、感性の世界においても存在する関係のように思われます。「真に美しい建築は、力学の論理にも適っているはずである」という論理は、成り立たないのでしょうか？

意匠性の高い建物に構造を後付けすることは、構造の合理から遠のくことが多いのは致し方のないことです。さりながら、それからの距離が遠のくほど、建築は本来の建築から遠のいてゆくことも事実です。ただこれを否定する理由はなく、そのような非構造的な建築が評価されることも多々あります。力学世界を棲家にしている私は、確かに「力学的合理性」を大きな価値観としていますが、それが絶対的な価値ではないことを受け入れざるを得ないのもまた事実です。

02-5

鈴虫の籠のような繊細な空間の旅館

銀山温泉旅館藤屋

設計：隈研吾建築都市設計事務所
構造：中田捷夫研究室

藤屋旅館は山形県の秘境温泉地、銀山温泉に建つ老舗旅館で、青い目のおかみさんでメディアの話題になり、大正ロマンの雪景色の景観が鉄道会社のポスターに採用されると一大ブームを巻き起こし、注目されました。この宿がどのような理由で改修されることになったのかは、残念ながら聞かされていません。宿主の藤氏は進歩的な発想の持ち主で、建築家・隈研吾氏が温泉街の入口に建てた公衆浴場の面白さにひかれて、隈研吾氏に改修を依頼されたと聞いています。

建物の設計前に調査に行きましたが、木造三階建の在来工法による建物は傷みがひどく、簡単な改装では対応できないことが判明しました。しかし、施設としての旅館の設計基準では耐火構造が義務付けられていて、一旦解体すると再び同じような建築は建設できないとのことでした。対応として、建物の部分改修を実施し、竣工後に再度残りの部分を改修することになりました。

解体した木材は既に再利用された木材で、あちこちに枘穴が残っていたりして、とても再活用は難しい状態でした。古材の幾つかは乾燥・補強して小屋梁として利用しましたが、強度が十分でないところは集成材と金物を使って補強することにしました。三階の屋根梁は現しになっていて、古材がそのまま見えるようにデザインされています。

わが国には、現行基準以前に建設された多くの木造建築が存在しますが、社寺建築のように人間が住む機能を持たない建築は別として、居住に供されるような建築では、時代の経過とともに材料の劣化による耐震性能の低下や、設備等の性能不足を改善することが大変難しくなっていました。いわゆる「既存不適格」建築が法の厳格化によって増えてゆく現実に、どう対応していくのかが益々深刻になるに違いありません。消防法は、いわゆる「遡及法」なので、改正とともに適合性が求められますが、建築基準法では、一旦建設された建物は、いくら構造が古くなっても使い続けることができます。

日本は、太平洋戦争によって多くの都市が戦火に遭い、沢山の建築が焼失しました。私が育った大阪府堺市は、昔から「包丁の町」として有名ですが、戦時中は軍の命令によって銃弾や砲弾を町工場で製作していました。そのため、アメリカの艦載機の爆撃を真っ先に受けました。幸い私は空襲の数か月前に兵庫県に疎開して、戦火を免れましたが、町のほとんどが焼失しました。幸い私の家のあった一角だけが焼け残りましたが、二階から数キロ先の海が見えるほどの焼け野原になりました。

燃え残った残材を組み合わせて、多くの〝バラック住宅〟が建設されました。これらの建築は、資材不足のためか、細い柱と梁で作られていました。それから七〇年余りを経過した現在、ほとんどの建築は、新しく建て替えられて、その頃の面影はありません。しかし、町はその頃以上に都市化が進んで、高密度になっています。「既存不適格」と呼ばれる建築は、わが国に多数残っていて、阪神・淡路大震災でも大きな火災災害が発生したのです。

建築基準法は、遡及法ではないので、一旦建築されると解体されるまで使い続けられます。

新耐震設計法が制定されたとき、一番の難問は旧法と新法の擦り合わせと言われました。このとき登場したのが、「壁倍率」という考え方です。

鈴虫の籠をイメージした繊細なスクリーンを持つホール内観

「壁倍率」の考え方とは、「同一変形角の部材の耐力は、累加できる」という考え方で、主に竹小舞の土壁や構造用合板壁等、素材の異なる壁要素が混在するときの耐力評価を目的にした手法です。この考え方は非常にシンプルなため、小規模の住宅などの耐震設計に用いられていますが、あくまでもすべての壁が同じ方向に、同じ変形をすることが前提なので、大きな吹抜があったり、壁が偏在して、ねじれないことが前提になっています。法律的には、壁のバランスのよい配置を要求しています。くの字型の曲がり家やL字型平面の住宅への適用が難しいことは言うまでもありません。

都市部はこのように、多くの建物が戦災を境に建て替わったのですが、地方都市の中には、古い民家や終戦直後に資材不足のなか建設された木造建築が多く残っています。しかし、地震は都市部や地方・山間部の分け隔てなく発生します。それらを直ぐに建て替えることができないとすれば、少なくともそうした災害時にも対応できる強健な施設を併設することが大切ではないかと思います。

02-6

単層ドームの小学校 製材による

小国町立西里小学校

設計：木島安史＋
YAS 都市研究所 計画・
環境建築
構造：中田捷夫研究室

昭和六二（一九八七）年に建築基準法の一部が改正され、高さ一三m以下の木造建築でも、構造計算によって、自重、積載荷重、積雪、風圧などの外力・外乱に対する諸規定に適合することの確認ができれば、通常の確認申請の手続きによって設計できることになりました。

熊本県の北端、大分県との県境、小国町に建設された西里小学校は、多目的ホールと教室棟からなる小学校で平成二一（二〇〇九）年に地域の学校が統合された際に廃校となりました。現在は、町のイベント施設として活用されていると聞いています。この仕事は木島安史先生との初めてのプロジェクトで、恩師坪井善勝先生の逝去後、独立した直後にお話をいただきました。

私が担当したのは、施設の中央に計画された木造の単層ドームで、六〇面体の上部四〇面の三角形で構成されています。天頂の高さは地上一三mで、法令の限界高さの製材による建築として、確認申請で許容応力度設計での対応を考えていました。しかし、この〝安易な考え〟は、申請者と建築主事との議論の結果、通常の確認手続きでの申請は認められず、建築基準法第三八条の大臣認定が必要になりました。

設計の内容は、通常の空間構造で行われる立体骨組みの「許容応力度設計」とし、部材応力と接合部の安全性能の確認をすることになりました。これは、通常の空間構造で行われる設計法ですが、電子計算機や解析プログラムが今日ほど普及していない時代には、結構大変な作業でした。

　この規模の空間を、木材による単層ドームとして設計することは、意匠性が優れているとはいえ決して一般的な手法とは言えないのですが、木島先生の強い思い入れによって実施に踏み切ったことを記憶しています。

　単層ドームの最大の課題は、節点において部材の軸方向力だけでなく、面外曲げ応力が発生することで、鋼製のシステムトラスにおいても節点での曲げの伝達機構を備えるなど、それなりの配慮がなされています。しかし、この計画では接合の方法を可能な限り簡素化し、曲げの伝達も可能な接合法を開発することが必要でした。木島先生の発想はセンタースリットの鋼板の先端を曲げて、ＨＴＢによって機械接合することでした。センタースリット用の鋼板で曲げを伝達するという発想は、構造設計者にとっては決して推奨できる手法ではなく、通常思いつかない手法ではあったのですが、それは単純な思い込みで、大きな曲率の球面では自重などによる面外曲げは極く小さく、ほんの少しの曲げ伝達能力があれば設計的には成立することを学びました。

　接合具の性能は、植木隆司氏（当時、巴組鉄工所）の担当で、工場内の試験機で加力実験を行い、性能の確認を行いました。一つの節点に集まる部材の数（鋼板の枚数）は五または六個で、そこに作用する応力の組合せは無数にあり、二枚の鋼板による接合試験から接合部すべての安全性を論じることはできないのですが、この種の構造での慣例で一軸の加力試験で性能確認をしました。

　天頂の節点では五部材が集まり、その応力の組合せは無数に近く、接合部の性能を実験的に評価することはできません。実験で実際の構造の性能を評価するためには、構造全体をモデル化する実大試験になるのですが、この場合、加力は理想化されたものしか再現できないし、最終的には実大の試験体を振動台に乗せることになります。

小国ドームの躯体の全景。等長部材による単層多面体ドーム

このように設計で行う作業は、実際に起きることの再現ではないことを理解する必要があります。私たちが行う「構造計算による安全確認」とは、実体の再現ではないことを理解する必要があります。

構造の審査は、日本建築センターの木構造の委員会で行われました。審査委員長は杉山英男先生（東京大学農学部）で、どのような議論があったかについて明確な記憶はありませんが、「構造の安全性については、研究者より設計者の方が詳しいのだから、責任をもって作りなさい」とのお言葉をいただいたのを覚えています。ただ一つご指摘いただいたのは、「製材を躯体に使うときは、部材が田の字に割れるものとして設計しなさい」とアドバイスされました。最近では製材の乾燥技術が進んで、「割れない製材」も現れていますが、三〇年近い前では割れるのが当たり前だったのです。幸いドームのほぼ全面に構造用合板が釘止めされていて、計算以上の余力が期待できたのは幸運だったと感じています。

02–7

「ユニットフレーム」で中断面部材の大空間を実現

五條市上野公園総合体育館（シダーアリーナ）

意匠監修：杉本洋文
設計：たかの建築事務所＋計画・環境建築
構造：中田捷夫研究室

奈良県と和歌山県の県境に位置する五條市は、吉野川流域の木材の生産地として知られています。一辺がほぼ五〇ｍの正方形に近い平面の体育館を建設することになりましたが、設計条件は地場産の流通材を活用することでした。中断面部材で大空間を覆うためには、多くの部材を組み合わせて骨組みを構成する必要があり、剛性を確保するために立体骨組みが必要になります。屋根をドーム状の曲面で設計することにしたのですが、既存の木質ドームのほとんどが外周から中央へ伸びる大断面の湾曲集成梁と、それらをリング状につなぐ円周梁で構成されていたようです。

私が最も心を惹かれたのが米国・ワシントン州タコマにあるタコマドームで、直径一六二ｍの世界最大のこの木質ドームは、鉄骨やコンクリート製の構造物にない柔らかい表情の大空間構造として、「空間構造」と「木質構造」をテーマにして設計活動を続けてきた私の目指す課題への一つの回答でもありました。しかし、このような大型の部材は、製作や加工、輸送、組立に広いスペースが必要で、特別な環境でしか採用できず、一般的な建築に適用するには難点の多い構法だと思います。

用途や形状の異なる色々な構造形状に対応できる自由度の高い構法としては、ユニット化された小さな部材を組み合わせて作る構法が有効だと思います。ただこの場合、部材数が大変多くなるの

体育館内観。屋根骨組みの厚さを抑えるため、屋根は四分割し、鉄骨骨組みを配置
(撮影：大野繁)

で、経済性を高めるためには、できるだけ同じ形状の部材を繰り返し使えることが重要で、結果的にシステムトラスのような構法に行き着くと思います。この例としては、ボールジョイントによるシステムトラスと木質部材を組み合わせた構法が提案されていて、熊本県小国町に建設された小国ドームは故松井源吾早稲田大学教授の設計になるわが国最初の木質ドームとして、画期的なものでした。システムトラスは機械加工による高い精度のジョイント部材を前提としてはいるものの、製作誤差を吸収する機構を持たないシステムとして設計されているので、鋼製ジョイントと木製部材の製作精度が異なると、組立が大変難しくなると思われます。木部材の精度確保が、コストの上昇に繋がることが実現の障害になることも懸念され、特に、部材数が多くなると接合部の数も多くなり、小さな誤差が集積されることに対する配慮も重要となります。

五條体育館で提案したシステムは、システムトラスのような高精度な加工がなくても成立するユニット化を目指した架構方式として提案しました。このシステムは、完全な単材ではなく、幾つかの部材をあらかじめ一体化したユニットに工場で組み上げて、それらを現場で大きな架構に組み上げる方式で、「ユニットフレームシステム」と名付けています。このシステムの基本形は、T型のユニットを上下交互にピン接合した「変形フィーレンディール架構」です。基本形は、剛接合とピン接合を交互に持つ部材の曲げ性能に期待した架構で、梁としての剛性が低いのが難点です。最大の利点は、現場での接合がピン接合だけなので、組立が大変容易なことです。

この「ユニットフレームシステム」は二方向に展開することも可能で、面的なフレームを構成することもできます。T型ユニットの縦材（束材）の上端と下端に、弦材を直交して剛に接合した基本ユニットを用いると、平面的に二方向に展開する面架構を構成することが可能です。現場での接合はすべてピン接合で、組み上がると二方向にピン接合と剛接合が交互に現れる変則フィーレンディール架構を創出することが可能になります。

このシステムを実際の建築に適用することは可能ですが、通常、実際の設計ではこの部材の曲げ性能に期待する骨組みでは、屋根として必要な剛性を確保することができません。これを解決するために、ブレースなどの斜材が有効ですが、ブレースの数を少なくするためには、最適化の手法を駆使して、必要最低限の配置を計画することによって、経済性の改善を図ることが可能です。

大空間の屋根などでは、部材の寸法は概ね自重などの長期荷重で決まることが多いのですが、風荷重などの対称性のない荷重に対しては、しばしば引張ブレースだけでは対応できず、斜材が圧縮状態になることがあります。また、鋼棒などの細径の引張材では、弦材の木部材の圧縮剛性に比べてあまりに引張剛性が小さ過ぎて、十分な効果が期待できないこともあります。これらに対応するために、この設計では圧縮にも効果が期待できるアングル材をラチス材として用いています。

設計時の条件である地場産の流通材の活用を可能にするために、屋根の基準寸法を二・〇m単位に設定しました。これによりユニットフレームの上下弦材の長さは四・〇m程度に統一できます。また屋根のデプスは、通常の空間構造の例に倣い、最大スパンの1／25程度、すなわち二・〇mに設定し、スパン五〇mの一枚の屋根で設計すると、上下弦材の軸方向力が大きくなって、中断面の流通材では設計できないことが試算の結果判明しました。これに対応するため、鉄骨のキールフレームを設けて屋根を四分割し、木フレームの最大スパンを1／2の二五m程度に短縮し、中断面の流通材での設計が可能になるようにしています。

このように、屋根の構造システムや部材の寸法は、すべて設計時に設定された条件を満たすために、必然的に生まれてきたものであり、設計者はそれを実現するために力学の原理に可能な限り忠実に従って、構造の形状や寸法を決めています。余分な部材や過剰な寸法は決して構造を美しくしてはくれませんし、経済の原理を無視しても合理的な建築を生み出すことはできません。もちろん、建築は構造だけでできているわけではないので、他にも多くの満たさねばならない要求事項はありますが、すべてのデザインにおいてこの「姿勢」だけは一貫して変わることはないと考えています。

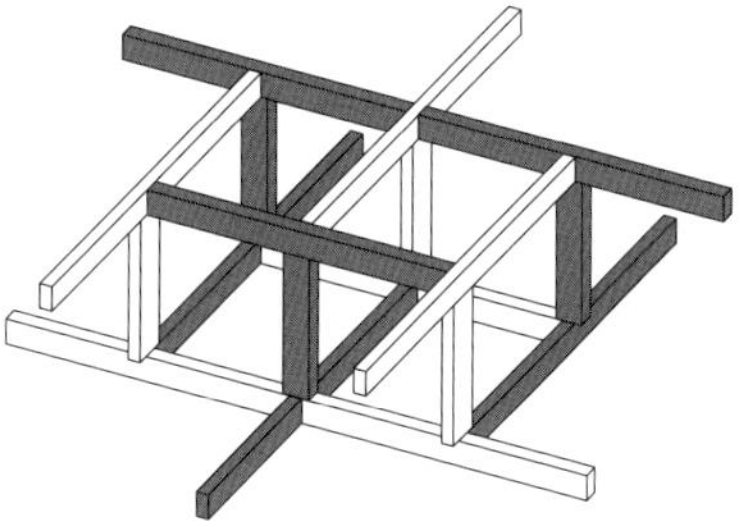
ユニットフレームの架構システム

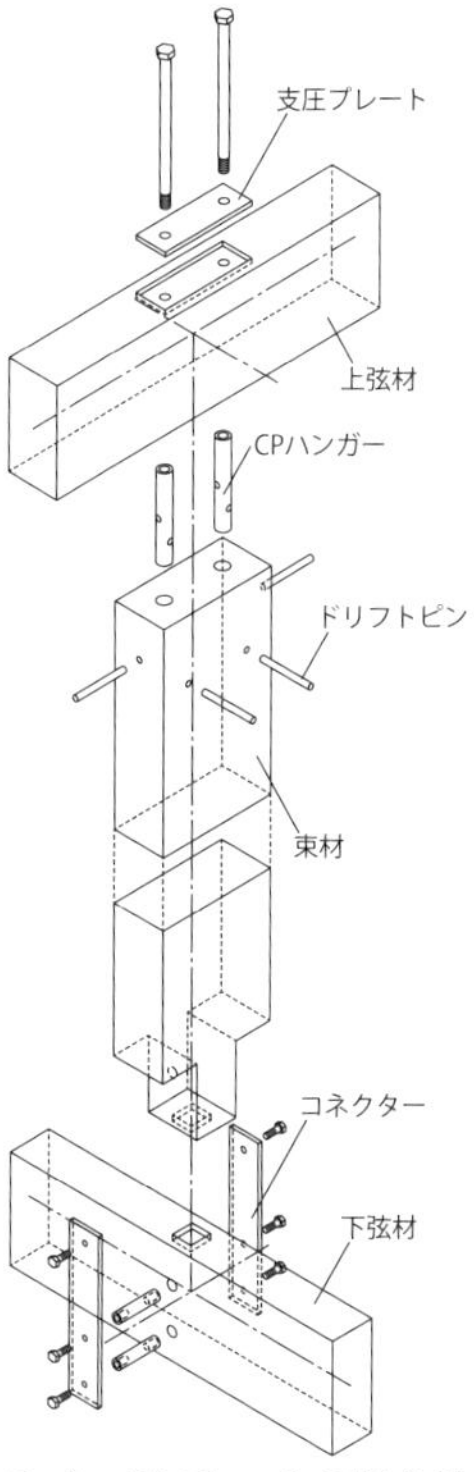

スペースフレームの接合部
の単純化を図る

02–8

空間イメージを活かす斗拱構造に取り組む

雲の上のギャラリー

設計：隈研吾建築都市設計事務所
構造：中田捷夫研究室

雲の上のギャラリーは、隈建築に最初に関わった「雲の上のレストラン」の隣接地に建つ付属施設で、雲の上のレストランと隣接する雲の上のブリッジの中間に計画されました。この施設は、創作的な活動を目指す作家の活動を支援するため、作品の創作活動や展示のためのギャラリーとして活用されることを目的としています。道を跨ぐ連絡橋と一体の施設として計画されました。建物は二階建で、下階には製作者向けの宿泊施設も用意されています。雲の上のレストランの宿泊室と道路を隔てた温泉棟が傾斜地に立地しているため高低差があり、道路を跨ぐ長い屋根付きの木橋との接続部分に計画されました。斗栱と呼ばれる軸組は、寺社建築の庇部分に多く見られる軸組形式ですが、交差部で木材の弱軸方向を接触面として積み重ね、力の伝達する仕組みのため、力学的には決して効率のよい方法ではありません。しかし、太径でめり込みに強い樹種の採用が可能なら、美しい表情の大きな跳ね出し庇などの設計が可能になるのですが、この構法はあくまでも鉛直力を伝えるシステムであって、水平方向の力に対しては別の対応が必要です。

ギャラリーの構造は、両側の壁面から斗栱システムによって木材を交互に積み重ねて迫り出し、中央で接合して山型架構を構成することを試みたのですが、中央の上下方向の変形が大きいことと

ギャラリーの内観。斗拱組みによる内部空間

水平力に対する必要な水平剛性が得られないため、結果的に内部に補助フレームを仕組む結果になりました。積層材の接触部でのずれに対しては、相欠きによって対応できますが、回転を拘束するために必要な大きな接触面の圧力を自重だけでは確保できず、回転拘束をする性能は期待できなかったのです。

斗拱骨組みだけで、建物としての構造性能の確保ができないため、架構の内部に別途木軸を組み込んでいます。構造設計としては極めて妥協的ですが、意匠の目指す意図が実現できるなら、構造の妥協も致し方ないと思っています。

木材の積み重ねによる建築としては、奈良・正倉院の校倉造が有名です。この建築では、木材の含水率が季節とともに変化し、乾燥収縮によってできる隙間が、室内の換気スペースとして作用するように計画されていて、先人の柔軟な発想に感嘆した記憶があります。異方性の強い素材である木材はある意味で大変使い難い素材なのですが、そのハードルを如何に超えて行けるかは、構造設計者に与えられた試練でもあるのです。

02-9

壁面線が直交しない建築に挑戦

マリスカルハウス

設計：タツミプランニング
構造：中田捷夫研究室

建築家の要請に応じて、木造の住宅を沢山設計してきました。大部分の建物は、壁面線が直交する、軒高が九m以下の整形の建物で、通常「4号建築」と呼ばれる建物です。これらは「在来工法」と呼ばれ、「壁量計算」と言われる簡易設計法で耐震性能の確認をしています。この方法はいわゆる「仕様設計」と呼ばれる設計法で、構造設計の専門家でなくても検討書を作ることができます。規模がある限度を超えたり、壁面線が直交しない場合などの整形ではない場合は、許容応力度計算が必要になります。

壁量計算の最大のポイントは、「壁倍率」という概念です。基準となる単位長さの壁のせん断力を基準せん断耐力と定めて、種々の仕様の壁の許容せん断力が基準せん断力の何倍かという係数で表現します。この時大切なのは、変形角を同一にすることです。もし床の面内剛性が高く、変形角が同じならば、壁の種類が違っても、耐力を足し合わせることによって、その層の層せん断力とすることができるからです。ただここで得られる数値は、ある決められた同一の変形角に対してのみ足し合わせることができるので、それ以降の挙動については保証されているわけではありません。構造用合板を釘打ちした壁と竹小舞壁では応力―ひずみ関係が同じではないからです。

この発想は便宜的な対応ではありますが、古い日本の竹小舞による土壁の耐力と構造用合板による耐力を合算できるという意味において画期的だと言えます。ただこの手法は、現在の小規模な在来工法による建物の評価の主流になってはいますが、前述のようにあくまでも「便宜的な設計法」であって、最近の大規模な木造建築や〝鈎折れ〟、〝L型〟の平面などに適用するのは適切ではないように思います。近年、目覚ましい普及を見せている木造の構造計算ソフトの活用を図れば、三次元モデルとしての応力解析も可能になってきたので、今後は部材の剛性に基づいた水平力の配分を計算し、部材や接合部の設計を行うことに移行すべきだと思います。ただ、そのためには接合具の性能に関する十分な情報の整備が必要です。

自然素材の木質材料は等方性ではありません。繊維平行方向と繊維直角方向では、剛性、耐力とも数十倍の開きがあります。接合部には、軸方向力、せん断力や曲げモーメントといった異なる応力が発生します。それに加えて、樹種やその含水率、割れや抜け節などの欠陥など種々の異なった特性を持つ素材、異なった形状の接合具など、定式化するのにまだまだ超えなければならないハードルが沢山あります。これらを如何に簡略化して、数値化するかに向けて、まだまだ準備しなければならないことが沢山あります。

表題の住宅は、スペインの著名なアーティストでありデザイナーであるハビエル・マリスカル氏の設計になる住宅で、横浜の住宅販売業者である㈱タツミプランニングが日本初のモデル住宅として住宅展示場に計画したものです。当時、木住協の開発部長をしておられた磯崎芳之氏の紹介で構造設計を依頼されたのですが、初めて図面を拝見した時には正直とても驚きました。建築確認申請上、規模的には確かに4号建築の規定が適用されると思いましたが、壁面線が斜交していて、直交する軸線がなかったのです。

思案の挙句、問題を二つに絞り込みました。「壁量計算」と「部材の接合」です。

「壁量計算」については、床単位面積当たりの壁の長さを計算して、既定の数値を上回っていることを確認するという検討です。地震の時に発生する揺れを「慣性力」という力に置き換えて、それに対して壁が壊れないかを検証します。壁の仕様は建物によってそれぞれ異なるので、基準となる耐力壁の標準となる変形角に対する耐力を算出して、地震の方向ごとに「必要壁量」を定めています。

この方法は、建物の壁面線が直交している建物を前提にしていて、壁面線が斜交する建物、例えば「曲がり家」と呼ばれるような「くの字」型の平面を持つ建物では、壁量の検定は同じようにはできません。「想定外」とでもいえるこのような非整形の建物について、どのような検定が可能なのかの検討が必要でした。

マリスカルハウス計画は、複数の斜交する壁面線―構面と言う―で構成されています。幸い床や屋根は構造用合板張りで、水平構面としての剛性が高く、床面内の同一変形が仮定できる構成になっているため、平面上に直交する二本の規準軸を想定し、それぞれの壁の規準軸への角度成分を掛けて、それぞれの方向の壁量の検定を行うことにしました。この方法での問題点は、想定した規準軸が最も適切な検定になっているとは限らないことです。結果的には、複数の規準軸を選んで、検定を試みました。計算上の整合性は、この手法でも確保できると思います。壁の配置バランスには、角度成分を持つ壁による偏心率の検討も併せて行いました。

壁の接合部の設計は、市販のセンタースリット型の金物と円形柱の採用で対応することにしました。構法的には壁のせん断力を伝える仕組みですが、壁からのすべてのせん断力の釣合いがどのように成立するのかは、さらなるスタディが必要になると思います。この建物は住宅展示場に建設されたデモンストレーション用の建物ですが、解体して移築することは困難です。外観、内観ともに素晴らしく、木造とは思えない出来栄えですが、建設コストが一般の流通に耐えられるかについては、更なる検討が必要だと思います。

02-10

三角形平面と円形平面の幼稚園設計

須坂双葉幼稚園と豊川こども園

設計：アトリエ９建築研究所
構造：中田捷夫研究室

幼稚園や保育園などの幼児施設を多数設計しておられる、建築家・呉屋彦四郎氏率いるアトリエ９建築研究所が設計された何件かの施設の中で、この二つの施設は、平面計画に幾何学的な形状を取り込んだ意味で、他の矩形を基本とする通常の建築と異なった構造的なアプローチが必要でした。この中で、須坂双葉幼稚園では正三角形の平面が、豊川こども園では大きさの異なる円形を採用した関係で、通常の直交する軸線で構成される建築とは異なった対応が必要になりました。

須坂双葉幼稚園の躯体は鉄骨の剛接骨組みですが、通常の建物のようにX、Yの二つの直交軸に分けて計算することができなくて、通常の空間構造と同様、立体骨組みとしての設計が必要になりました。屋根面は平面トラスを組んで、面剛性を確保し、中央部には一回り小さい三角形平面の吹抜が設けられています。斜交する鉄骨梁の納まりを考慮して、柱はすべて鋼管の円柱としました。

この種の形状の建築では、幾つかの建築基準法で対応しきれない項目があるように思われます。例えば、設計用の風荷重をどのように評価するかについては、風洞実験でもしない限り、根拠のある数値は特定できません。また、一つの節点に六本の梁が取り付く中央柱のダイアフラムの応力は平面応力の有限要素法による解析は可能かも知れませんが、安全の検定法は定められてはいませ

須坂双葉幼稚園の鳥瞰写真。架構は立体骨組で設計（撮影：杉野 圭）

ん。通常の設計では、ダイアフラムの板厚を二ランク挙げる程度の工学的な対応で設計が行われています。このように書くと、それではこれらの問題についての安全性の検証についてはどう対応するのか？ という疑問が生じますが、計算はあくまでも数値によるシミュレーションであり、経験則としてこの対応をここでも採用しました。建築は自動車などの機械製品とは異なり、実物の性能試験をすることはできません。自然界に起きる外力・外乱は、あくまでも「想定」の数値であることを理解しての対応が必要です。

豊川こども園は、木造平屋の在来工法で設計されました。構造の形式は通常の在来工法ですが、耐力壁線が直交しない時の設計は、壁量の評価に工夫が必要になりました。

最も簡便な方法は、基準となる直交座標を設定しそれぞれの壁の角度成分を掛けて、通常の壁量計算をする方法で、マリスカルハウスではこの方法を採用しています。

この建物では、構造壁をブレース置換して、立体モデルの許容応力度設計を採用しています。部

豊川こども園の鳥瞰写真。外周構面は折線で近似（撮供：アトリエ９建築研究所）

分的な二階やロフトを持つ複雑な形状の場合は、通常の壁量計算での評価が難しいと考えられたからです。合板を用いた耐力壁は、板厚や釘の間隔が同じでも、高さが異なると耐力壁としての剛性も異なるので、地震時に負担できるせん断力も変わってくることに、注意が必要です。許容応力度計算は面倒ですが、それらの変化をすべて取り込んだ結果が得られるので、時にはこの方法によることが最も適切な情報を得ることにつながると思います。設計時に最も苦労するのは、円孤型の外壁と内部の軸組との接合でした。鋭角的な角度で交わる梁─柱の接合部は、どうしても軸線を一点に合わせることは難しく、市販の流通金物では対応できないことがあります。製作金物の採用には、経験とコストが必要になります。構造計画の時点で、あらかじめ接合の方法を検討しておかないと、計算の結果を設計に反映できないこともあるので、注意が肝要です。

02-11

寺社建築を集成材で造る

壬生寺阿弥陀堂

設計：山本良介アトリエ
構造：中田捷夫研究室

「壬生狂言」で有名な京都の壬生寺境内の阿弥陀堂の建替えが必要になったとき、大きな障害となったのは、寺社建築に必須の素材である「ひのき」の調達と、その加工を担う「宮大工」の確保だと言われました。京都には数多くの寺社建築が存在し、老朽化により建替えが必要になる社寺が数多くあると聞いていますが、素材の調達と費用の高騰によってなかなか実現できないとのことでした。直径が数十㎝で長尺のひのき丸太は、国内での調達が難しく、台湾など国外からの輸入に頼っているようで、平城京大極殿の再建のような特別なプロジェクトでない限り、一般の調達は難しいとのことです。建築家・山本良介氏がこの難問の解決策の一つとして、集成材による寺社建築の設計を提案されました。実施には、寺社側の大きな理解と決断が必要であったと聞いています。

阿弥陀堂は規模は大きくないのですが、壬生寺にとってはとても大切な施設で、寺のシンボル的な存在でした。内部空間の象徴性を高めつつ、可能な限り広い空間を軽い屋根で覆いたいという建築家の希望で、通常外部の深い庇を設けるために用いている「斗栱組み」を大胆にも内側に反転させて、内部空間の豊かさと屋根の軽量化に挑戦しました。材料には無節の「ベイマツ」集成材を用い、接合部には金物の採用に挑戦しました。その時代の素材と技法で、伝統様式への挑戦を試みたのです。

柱の両側に水平の持ち出し梁を挟み、「相欠き」してボルトで締めて一体化し、曲げ応力を伝えるディテールは、平城京のまほろばホールで採用し、実験によって性能の確認はしたのですが、仮設建築ではなく、本設の構造として採用するだけの性能には疑問がありました。

以来、一体性を高めるための接合具を模索していましたが、一つの対案を提案しました。四角形の鋼板の四辺から切片を持ち出して十字形にし、交差する部材を挟み込むように折り曲げます。この鋼板を交差する木材の接触部分に挟み込んでボルトで固定します。こうしてできた十字型の接合部で、曲げを伝達する剛性と耐力が確保できることが実験で確認できました。壬生寺では、三本の柱と四列の梁をこの金物によって曲げ接合し持ち出し梁を構成しています。

このような接合具は、数値的な評価が難しいのでなかなか普及しないのですが、設計的には曲げ応力の伝達をこの金物のめり込みに期待し、せん断力の伝達は中央のボルトで行うという役割分担を仮定すれば、設計的には明確になって評価しやすくなります。将来は、木質ラーメンの曲げ接合にも活用が期待できるかもしれません。

わが国の木造建築の文化は、「仕口」と呼ばれる接合法によって維持されてきたといっても過言ではありません。木同士の接合には、金属製の接合具を極力避けて、経年劣化が起きても部材の取り換えによって機能を維持してきました。その美しさは極限にまで高められ、宮廷や寺社の建築を作り上げてきました。しかし、仕口と呼ばれるこの構法は、接合部で互いの部材を欠き合って接合するため、論理的には母材耐力の五〇%以上の応力を伝え合うことはできません。接合に金属の接合具を用いることは、耐力を高めるのに効果的な手法と言えます。更に、接着の技術が進化すれば、接合部の耐力をより高めることが可能になると思われます。この接合具はまだまだ未完成ですが、その小さなきっかけになればと願っています。

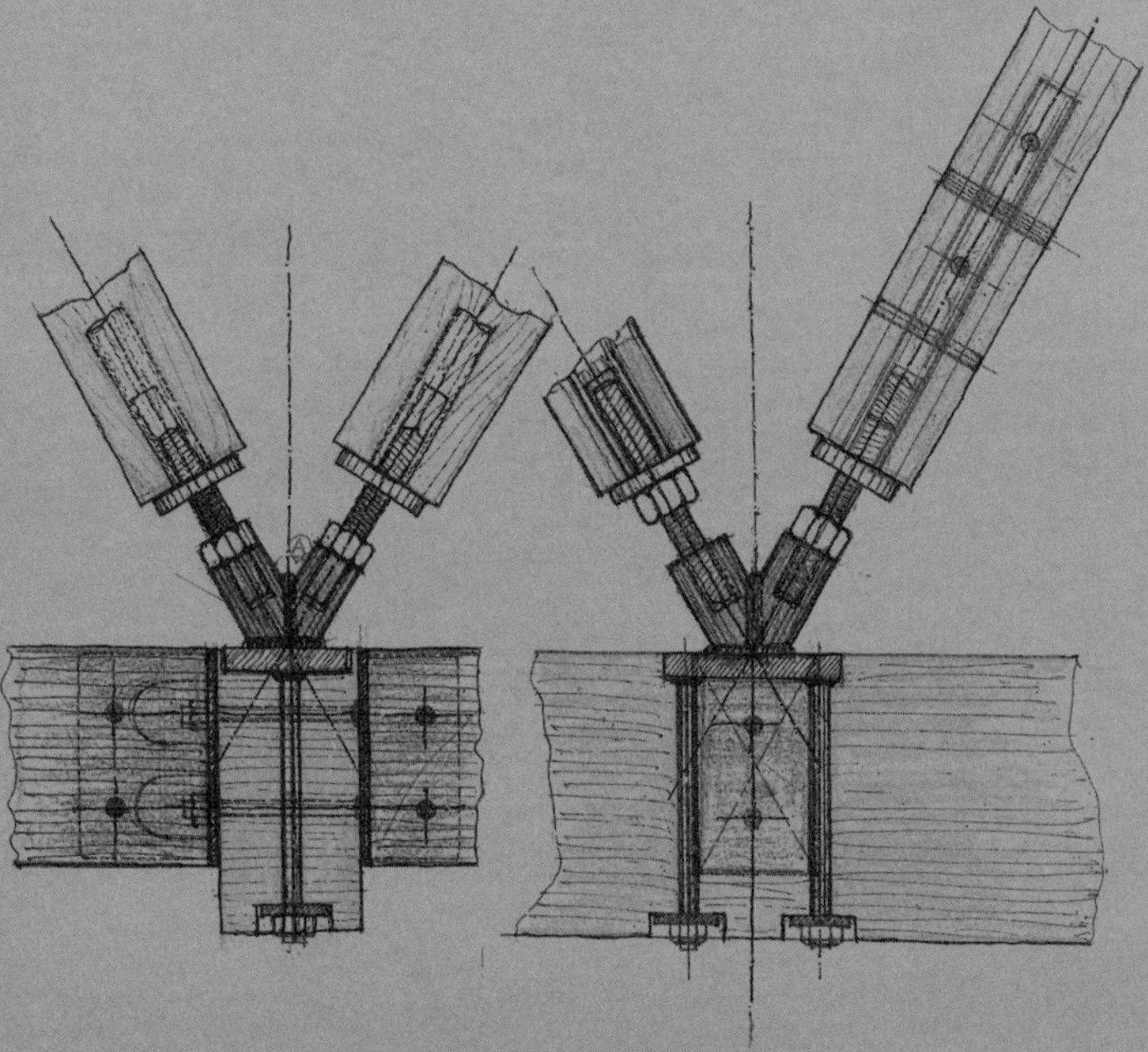

03

枠組壁構造と壁式構法の語りごと

03-1 枠組壁構造と壁式構法

鉄筋コンクリートの壁式構造は、壁面を地表で平面打設し、硬化後立て上げる「ティルトアップ構法」に起源を持つと言われる箱型の構造で、基本的には「ラーメン構造」とは異なり、コンクリートのせん断強度を主な抵抗要素とする、高剛性、高強度の構造体を目指しています。

私が壁式構造の建物に初めて出会ったのは、昭和三九年に発生した新潟地震の頃で、丁度建築の学部を卒業したばかりの時でした。地震が発生したのは六月一六日一三時一分、規模はM七・五と記録されています。私は、その時京浜急行の車内で、電車が走行中であったため、地震には気付きませんでした。

一時間程で研究室に着いたのですが、今ほど映像機器が普及していなかったこともあって、余り状況は理解していなかったと記憶しています。翌日、坪井先生から呼び出され、新潟地震の被害状況の視察に行くように指示されました。団長には田中尚先生、高梨晃一先生他、坪井研究室から名須川良平（後の足利工業大学教授）、院生の大山宏（後の千葉大学助教授）と、私が同行することになりました。

鉄道は新潟まで通じていなかったため、手前から徒歩で被害を視察しながら新潟に入りました。

そして、倒壊した四階建の「川岸町県営住宅」に出会ったのです。建物はほぼ横倒しになっていましたが、壁面はまったくの無被害状態で、出入り口の引き戸の開け閉めが自由にできたことに驚きを感じました。

日本の壁式集合住宅の原型は、昭和二二年、戦災復興院住宅に始まると言われています。国の政策で多くの住宅が必要とされた昭和三〇年代は、まだまだ建設資材が潤沢ではなく、労務費が資材費に比べると安い時代でした。そのため、壁式住宅では、長さが四五㎝以上のＲＣ壁はすべて耐力壁として評価する設計法が採用され、四階建までの集合住宅が「国策」として建設されたのでした。

こうして多くの壁式集合住宅が設計されたのですが、新潟地震でその性能が証明され、当時の日本建築学会基準で設計された建物は、「横倒しにしても亀裂の発生しない」高い耐震性能を持つことが証明されたのです。

これを受けて、日本住宅公団の中に「五階建て壁式構造設計基準」を検討する委員会が設けられました。委員長は坪井善勝、副委員長は梅村魁、委員には田中尚、多治見宏、富井政英、松井源吾、廣澤雅也、半谷裕彦（敬称略）の諸先生がそれぞれテーマ毎に担当され、日本建築学会の基準も五階建まで適用できる今の基準が完成したのです。その後、日本住宅公団では壁式構造の適用範囲を八階建までとする「八階建て壁式構造設計基準」を、建築基準法第三八条による審査を経て準備し、住都公団の団地に何棟か建設されたのですが、日本住宅公団の機構改革による組織改編で、この基準は「まぼろしの基準」になってしまいました。しかし、室内に梁や柱型のない居住空間はそれなりに利点が多く、現在でも実現に関する問合せがあります。委員会の幹事役を務めた私にとっては、是非実現していただきたいと期待しています。

03-2
日本初の「木造三階建共同住宅」スーパーハウス

スーパーハウス

設計：一色建築設計事務所
構造：中田捷夫研究室

「スーパーハウス」は、日米協働のアメリカン2×4構法による木造三階建共同住宅で、日米林産物協議における合意の内容の具体的な形としてのデモンストレーションプロジェクトとして計画されました。準防火地域外で三、〇〇〇㎡の共同住宅を、合意内容の具体的な形として提示して、普及を推進したいとの意向で立案された建物で、建築基準法第三八条の大臣認定によって建設する木造建築の計画は私にとって初めての経験でした。

坪井先生の逝去に伴い、事務所を豊島区に移した事務所開きの前日に、当時建築研究所の第三研究部長をしておられた室田達郎氏と建築家・納賀雄嗣氏が訪ねてこられ、構造設計の協力を依頼されました。日本建築センターでの評定資料の作成を担当することになったのですが、それまで大規模木造の経験のない私にとって、大変戸惑った記憶があります。

幸いなことに、壁式構造の開発に古くから関わっていたため、素材は変わっても、構造の仕組が似ていることが大変助けになりました。ただ、計画案は建物が傾斜地に建っており、一住戸毎に上下に一層ずれて建っていました。全体を一棟として解析すると、最も高い位置に建つ棟の一階と最も低い棟の三階が同レベルとなり、剛床を仮定するとそれより下の階が地下階のように地震力がゼロになります。対応策として、三棟の境界の界壁をそれぞれ独立の壁として計画し、三棟をバネで結合して、剛域を持つラーメン構造として解析しました。

日本の2×4工法との相違は、耐力壁パネルの浮き上がりに対する考え方でした。日本の2×4工法の壁脚は、「ホールダウン金物」と呼ばれる金具で基礎に緊結されるので、接合部の変形能が小さく、耐力の限界になると突然破壊すると考えられています。これに対して、米国の2×4工法では、耐力パネルの部材に沿って鋼棒を配置し、壁頂部で浮き上がりを抑えるディテールになっています。このため、耐力壁は回転に対する浮き上がりによって見かけ上の変形能を確保できることになり、建物を脆い破壊から救うように配慮されています。アメリカでは五、六階建の2×4工法の住宅も多いので、このような設計が生まれたのだと思われます。

この「タイダウン」と呼ばれるディテールは、中間の継目にバネを挿入して張力を一定に保つ効果や、ダンパーを用いれば制振構造にもつながると思われます。長い壁と短い壁が混在する建物では、長さの異なる耐力壁の終局耐力を累加する効果も期待できると考えられています。

日米構造協議以降、種々の法改正や告示が施行され、法律上の設計条件は緩和されてきたのですが、その後この工法はあまり普及していないようです。このプロジェクト以降、カナダの2×4工法による「メープルコート」と埼玉県の「長瀞住宅」の設計を経験しましたが、それ以降、共同住宅の実施例は目にしていません。耐震性が高く、居住性にも優れているので、情報の普及と施工技術者の養成が図られれば、もっと多くの建設が期待されると思います。

03-3

裾野に建つ斜里岳の壁式構造

ホテルポリーニャ

設計：伊東豊雄建築設計事務所
構造：中田捷夫研究室

北海道斜里郡清里町に建つ「ホテルポリーニア」は、私が独立した一九九一年に設計が始まり、翌年の初夏に竣工しました。一九九〇年一二月に坪井先生が他界され、翌年一九九一年七月に個人事務所として出発した言わば、「初仕事」とでもいうべき設計で、喜びと不安の中でプロジェクトに臨んだ記憶があります。

以来、三〇年近く構造設計を続けてきましたが、これほど美しい自然環境の中に建つ、デザイン的に洗練され、機能的に単純化されたホテルは存在しないのではないかと思っています。

構造計画も、意匠の明快さを受けて可能な限り単純化し、帯状の壁式構造を提案しました。梁と柱による二層の骨組みを並べるだけの構造は、あまりにも柱と梁の凹凸が多すぎて、形の持つ「直線性」に馴染まないように思えたのです。

壁式構造は、コンクリートの平板で床と壁を構成し、必要に応じて開口を設けるせん断応力型の「箱構造」で、あまり自由に開口を設けられないので、設計の自由度が低いといわれ、敬遠されることが多いのです。

このように、一方向に長い建物では、コンクリートの収縮や地盤の不同沈下など、建物の形状が躯体に影響を与える可能性が高くなります。これらに対応するため、この計画では建物を幾つかのブロックに分割することにし、それらをスラブのみで連結する計画を提案しました。これにより、壁式構造は大きな開口を持つこともできるのですが、結果的にこの案は採用されませんでした。理由は、寒気の厳しいこの地方では、大きな開口は空調効率が低下するので、開口は最低限に抑えるのが常套手法だとのことでした。

この事例のように、構造の仕組みだけで建築ができるのではなく、意匠は当然のこと、設備や音響、照明など、多くの要求条件の調和の中で設計の詳細が決まってゆくことを学びました。

鉄筋コンクリート構造で、最近気になることがあります。鉄筋コンクリートは、もともと現場で鉄筋を組立て、型枠を組んでコンクリートを打設する構法ですが、施工の合理化の中で、柱や梁の配筋は先組み構法によりあらかじめ工場で加工して組立て、現場でセットして組み立てることが多くなっています。このため、梁端の柱に定着する鉄筋が、柱型の中で大変混み合ってコンクリートの充填性を阻害する結果になっているのです。それに対して、壁式構造のような面的な部材で構成される構造では、先組みが難しく、現場組立が主力になり、現場で確認しながら施工が確認できるので、このような不具合は回避できると思われます。ただ、反面、構法的には品質を高める効果が期待できますが、現実には鉄筋職人の高齢化などで人材難になりつつあり、先組み加工は避けられないと言わねばなりません。鉄筋の加工効率のみを優先しないで、コンクリートの充填性にも配慮した先組み構法が早く実現することが期待されています。

03-4 壁式構造による低層集合住宅の設計

SASUKE住宅

設計：篠原聡子＋空間研究所
構造：中田研究室

神奈川県鎌倉市の駅から山手へ向かう閑静な住宅地の一角に計画された、いわゆる「長屋」型の住宅として建設されました。敷地が傾斜地で、土地の平面形状と斜面の勾配に沿って計画された低層の建物は、平面形状においても立面形状においても直交軸を持たず、かなり不整形な躯体構造となりました。屋根の形状は多くの多面体になってはいるものの、平面の壁面線はほぼ直交軸上に配置されているため、壁式構造として十分成立すると判断しました。しかし、いざ構造計算するとなると、解析ソフトの活用ができるように、いくつかの仮定を余儀なくされました。

壁式構造の設計基準は、必要な壁量を基に計算が組み立てられており、これに準拠した建物は、過去いくつかの大地震に際しても十分な耐震性能を有していることが実証されています。だからといって、今後起こりうるすべての地震について、完全に安全であるとは言い切れませんが、このような低層で広がりのある建築では、部分的に部材の破損が起きても、全体としては十分な安全性は確保できると考えています。

この建物のポイントは、屋根の架構にあります。複雑な形状の折版形状は、コンクリートのような構造体では、配筋は複雑になるにしても、形はつくりやすいのですが、この設計のような大梁と

前面道路から入口を見る。外装の木製ルーバーが特徴的

垂木の長さと接合部の形状が異なり、それが取り付く大梁のRC壁との接合の形状も異なるので、通常の大工仕事としては到底不可能に近いと思われます。

このような状況を可能にしたのは、この一〇年余りの間に驚異的な進歩を遂げた、機械加工の技術があったからだと思います。二〇年程前、日本では在来木造の仕口の加工は機械化されていましたが、私が始めてみた加工機は私の想像以上のものでした。友人のドイツ人の案内で、フンデガーさんという技術者の工場に案内されました。ここで初めて目にした自動加工機のデモンストレーションに、私は言葉がなかったことを覚えています。日本への輸入も考えたのですが、機械がヨーロッパの柔らかい木材を想定して設計されていたため、日本のベイマツなどのやや硬い木材の加工には対応できず、断念したのです。そしてその数年後、機械の改良が行われ、新しい性能を備えた改良型の万能加工機が日本に輸入されたのです。この加工機は現在では日本の工場には既に百台以上導入され、多くの木構造の普及に役立っています。

佐助計画は、この自動加工機の活用なくしては実現できなかったと思われます。もちろん、わが国には、世界に誇る職人の技術があり、もっともっと複雑な仕口の加工を実現してきたのですが、現在の社会環境の中で、現実的なコストや工期の制約の中で実現することは大変難しいことだと言わねばなりません。

しかし、残念なことに、複雑な仕口の加工ができても、その構造性能を明らかにする手法はそれほど普及しているわけではありません。佐助計画の屋根での複雑さは、主として材長の管理にあったと言えますが、仕口の性能については残念ながら解明することができないのが現実だと思われます。わが国古来の仕口は、接合の仕組みとしては高度に完成されたものではあるのですが、その力学的な性能を評価する手法は完成されていないのです。引張や圧縮といった特定の応力に限定した使い方は、それなりに活用する意味があるのですが、素材の持つ多くの特性を活用するためには、更に自由度の高い接合法の実現が必要であり、それに対する理論的な裏付けが必要とされるのです。

佐助計画は、意匠的に意欲的な提案が盛り込まれているだけでなく、構造の視点からも、壁式構法の活用と複雑な木材加工技術の採用といった挑戦的な手法に裏付けされているのです。

03-5 スペースブロック理論による初めての集合住宅

スペースブロック上新庄

設計：C＋A
小嶋一浩＋赤松佳珠子
構造：中田捷夫研究室＋
中野稔久

大阪市の中心部に近い東淀川区に立地するこの建物は、都市の急激な開発が進む一九九五年に設計が開始され、一九九八年に竣工しました。坪井善勝先生が他界されて、独立して設計活動を開始した時期の、小嶋一浩氏との最初の仕事となりました。

建物は単身者用の集合住宅で、間口の狭い複雑な形状の敷地です。当時、小嶋氏は「ベーシックスペースブロック」という設計理論を発表され、立方体の基本ユニットの組合せによって住居空間を効率よく構成する手法を提案しておられました。この理論により通常の片廊下型の板状集合住宅の発想を一蹴し、変化に満ちた個性豊かな集合住宅の設計に挑戦されたのです。

この理論を実際の構造に適用するためには、ユニットの稜線に水平と鉛直の部材を配置し立体的な格子骨組みを作り出すことは可能ですが、空間の発想の基本は「箱」という「面」なので、柱や梁という「線」要素ではなく、「面」で構成する壁式構造を活用することにしました。壁式構造では、床や壁に凹凸が少なく、「箱」のイメージに近づけることができると考えたからです。

結果的に壁式構造は、このスペースブロック形式の建物に大変馴染みのよいシステムであることが分かったのですが、それでもいくつかの解決すべき課題がありました。

壁式構造の原型は、ロシアで開発された「ティルトアップ構法」と言われています。大型の平面パネルを敷地外の平地で平置き状態で打設して、クレーンで建て起こして一体化する構法で、大型パネル構法として普及したと聞いています。日本では昭和三〇年代に、当時の「日本住宅公団」の集合住宅を、「現場打ちコンクリート」で建設するようになったのが、わが国での壁式構造の始まりです。したがって、壁式構造は基本的に一階床レベルから屋上まで連続した壁面で構成されるのが原則で、これに準じて壁式構造の設計基準が作成されています。開口部はあくまでも構面に開けた開口であり、基本的には柱や梁と言った概念は存在しないのです。

しかし、スペースブロックで組み立てられた「壁式構造」は、それぞれの構面の形状がとても複雑で、現行の壁式構造の設計基準で規定している「壁量計算」の考え方は適用できません。例えば、壁面の開口が千鳥配置のような構面では、上下階のせん断力の伝達はできなくなってしまいます。

このような事例は、通常、「オーバーハング」や「セットバック」と言われる部分で起きることが多いのですが、次の二つの条件を満たしていれば、壁の連続性が確保できるとしています。

条件一：構造壁の両端が直交壁に支持され、壁面の回転が拘束されている。

条件二：構造壁の脚部の面内せん断力が、床のダイアフラムを介して伝達される。

この二点が確保できれば、上階の直下に構造壁がなくても。この壁は耐力壁として評価できるという考え方です。狭小な敷地で、壁面のセットバックを余儀なくされる場合や、千鳥格子状の開口が必要になっても、適切な対応をすれば「構面」としての機能を維持することが可能になるのです。

この規定は、スペースブロックの実現に欠かすことのできない規定になりました。その後、数件の住宅をこの手法で設計しました。小嶋さんが逝去され、スペースブロックの発想を駆使する建築は途絶えましたが、この手法による空間構成は実に変化に富み、マンネリに陥った集合住宅に潤いを与えてくれます。この発想を引き継ぐ設計者が現れることを心待ちにしています。

道路に面した狭小間口の構面（耐力壁の最小幅 45 cm で設計）

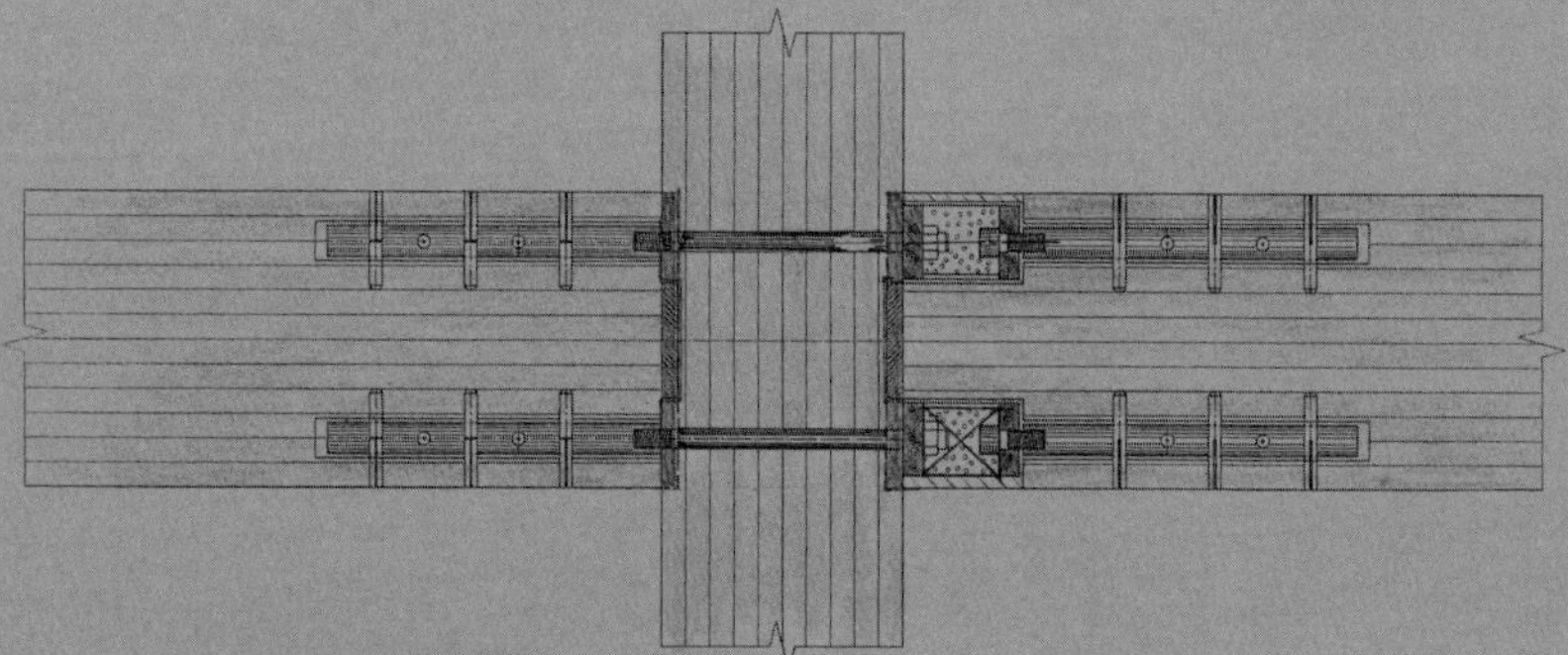

04

鉄骨構造の語りごと

04-1 鉄骨構造について

一九九二年の鋼構造協会の機関誌 JSSC No5 に、「鋼の復権―デザイン材料としての鋼」という一文を寄稿しました。鋼という素材が、デザイン性の高い建築の素材として活用される機会が減ってしまったことに対する設計者からの応援メッセージの積もりで書きました。三〇年近く経過した今読み返してみると、状況はまったく改善できていないばかりか、むしろ状況が悪化しているようにさえ思えます。形鋼の梁と□型コラムを溶接し、現場でＨＴＢによる摩擦接合で一体化する躯体―「コラム―H構法」と呼ばれています―が主流になってしまった工場では、人員削減と機械化によるコスト追及の結果、高い技量を持った技術者が姿を消して、鉄骨構造はものつくりを志す設計者にとっては、魅力のない素材になってしまったかのように思われます。

私が、坪井善勝研究室で修行していた昭和の時代は、鉄骨構造が全盛でした。空間構造を主なテーマにしていたことが原因かもしれませんが、素材供給の潤沢さと、ファブリケーターの高い技術力に支えられて、「鋼構造」の魅力が社会に周知されていたのだと思います。

当時、私は主に委託研究などのデスクワークに従事していたのですが、坪井先生が退官された頃から設計にも参画させていただきました。最初の仕事は、大阪万国博覧会お祭り広場の大屋根架構で、初心者の私は大屋根の上に架設する空気膜構造と、大屋根から吊り下げられた丹下研究室と黒川紀章設計事務所の設計による住宅カプセルを担当しました。空気膜構造を担当したのは、川口衞先生の「膜構造の経験者はいないので誰がやっても同じ」だからとのことでした。現場事務所で書いた鉄骨の詳細図が二日後に原寸検査、一か月後に現場搬入と言った超過密なスケジュールで、震える手で承認印を押したことを記憶しています。

坪井研究室での最後の仕事は、日系アメリカ人建築家の巨匠、ミノル・ヤマサキ氏の設計になる神慈秀明会滋賀の神苑の設計でした。私は、主に地下躯体と基礎構造、屋根のスカイライトフレームなどの雑設計と全体の事務的な調整を担当しました。基礎構造や地下階などのＲＣ部分の現場監理や、鉄骨の原寸検査、製品検査にも立ち会いました。設計から施工に至る一貫した建設のプロセスを体験したことが、その後の設計生活に役立ったと思います。この時代に、坪井先生のものつくりに対する姿勢を間近に見て、私の構造に対する今の考えが出来上がったのだと思います。

構造設計者が、設計という業務を「受注」するのは、通常建築家の方からの協力依頼によることがほぼすべてで、構造設計者に最初に依頼が来ることは極稀なことです。依頼があった時には、既にプロジェクトの全体像がほぼ決まっていて、構造設計者の発想がデザインに貢献することはまずありません。構造設計者は、決められた枠の中―デザインだけでなく、工期や予算、法的制約なども含めて―で、成立する構造の仕組みを模索することが求められます。それでも、構造設計者はその制約の中で、構造のあり方を模索し、自分なりの主張、敢えて言うなら、「構造の美学」を貫こうとします。これが、坪井先生から学んだ設計の取組み方なのだと思います。

教祖殿のプロジェクトに「坪井チーム」が参画したのは、基本計画がかなり進んでからでした。建築主である神慈秀明会は、世界中の宗教建築を視察して、その結果、日系アメリカ人の巨匠、ミノル・ヤマサキ氏に設計を依頼されました。構造の基本設計はハワイの構造家で、プレストレス構

神慈秀明会教祖殿。四本の婉曲柱による台形空間。「超高層の平屋」と呼ばれた

造の権威であるAl. Yee氏が担当されていました。ヤマサキ氏は、ピアーレビューの担当として、WTCの構造設計者であるLeslie Robertson氏を選任されていました。当初、PS構造で計画されていた躯体は、巨大な重量の構造物になって、山岳地の急斜面に建設するには、余りにも多くの課題に直面していたのです。建物の軽量化を図り、現場作業の軽減を図る目的で、鉄骨構造への変更が図られようとしていました。ヤマサキ氏は旧知の友人で、空間構造の権威である坪井先生に構造の再設計を打診されました。既に形状の決まった構造の「構造設計」を担当することに、坪井先生は内心相当な葛藤があったようで、自身を納得させるために「一皮むいても本物」との言葉でご自分を納得させたのでした。仕上げを施す前の鉄骨は実に美しく、「このままでもよいのでは」と言われるほどの構造美であったと思います。

鉄骨の骨組みが、この例のように、建築家の空間のイメージを実現するために、諸々の知力をつぎ込んで、意匠や設備との調和を図る建築もあれば、意匠的な要求の余りない建築も存在します。

中でも「航空機の格納庫」というジャンルの建物は、飛行場内のほとんど人の目に触れない場所に立地するため、建築家の関与が最も少ない建築と言えそうです。内部に収納する航空機のスケールが大きいため、大スパンの空間が必要とされる関係で、多くの空間構造の専門家が関わってきました。海外の鉄骨系、コンクリート系の雑誌にも多くの設計例が報告されています。

設計に際して重要なことは、内部空間の形状と大きさ、メンテナンス装置の位置と重量などです。機能が最も重視されるという意味において、建築の意匠性から最も遠い建築と言えます。ただ、最大の要求は、構造体の美しさではなく、施工性、コスト、維持管理費などが優先されます。その中で、構造設計者としての発想を如何に貫くかが大切です。

一九九〇年一二月、坪井先生が逝去され、私は自分で構造設計事務所を主宰することになりました。木造建築だけでなく、多くの鉄骨構造にも挑戦しました。世界的な好景気に陰りが見え始めた時期ではあったのですが、景気そのものは好況時の勢いがまだ続いていて、建築界では大型のプロジェクトが計画されていました。スーパーハウスの計画が一段落した九〇年代の半ばに、一つの大きな計画に出逢いました。

建築家・岡部憲明氏に誘われて、新潟県のＪＲ長岡駅前に計画される「長岡文化創造フォーラム」競技設計へ参画することになったのです。岡部氏にとっても、関西国際空港旅客ターミナルビルの工事が終わって一段落され、創造への意欲が最高に高まった時期でもあって、応募案の作成に情熱をもって望まれていました。努力の甲斐あって、多くの応募案の中から最優秀案に特定され、基本設計、実施設計へと進みました。構造設計者との協働が達成された満足感で満たされました。しかし実施設計がほぼ終わりになった頃、突然計画中止が伝えられたのです。

一〇〇億円近くの予算でスタートした計画でしたが、この頃から景気に陰りが見え始め、地方自治体への補助金が見込めなくなったのが原因と聞かされました。最優秀案の計画は、八階建の純鉄骨構造で、大ホールを地上二〇mの七階レベルまで持ち上げ、前面の壁面は大型のガラスのスクリーンで構成する豪快なコンセプトのデザインで、完成していればその時代を代表する建物の一つになっていたと思われます。

複雑な鉄骨の製作は、機械的な加工や自動溶接が使えないため、製作効率が低下するのに加え、熟練した技術者の高齢化も相まって、事業の採算が取れなくなり、製作物を扱う業者の撤退が加速しています。鉄骨業界の主流は、前述のように「コラム—H」と呼ばれる角パイプとH形鋼のラーメン構造のビル建築で、ロボットによる自動加工が主流の現状です。接合部はすべて標準化され、存在応力に関係なく梁の全強度が伝達できるように設計されます。機械接合が多用され、高力ボルトの需要が増えるため、ボルトが不足する有様です。構法の多様性が鉄骨の用途拡大につながるはずなのですが、現状はそれとは反対に、不自由さが増しています。

私たちは、この数十年にわたり、「第二の鉄器時代」と呼べるほど鉄を多く使ってきました。多いときには、人口一人当たり一tもの粗鋼生産が行われました。とても安価で入手しやすかった「鉄」ですが、脱炭素社会の実現に向かってそろそろ鋼材の活用の仕方を考え直す時期に来たのかも知れません。

04-2

スパン二〇〇mの大空間構造

ANA成田ハンガー

設計：梓設計
構造設計協力：坪井善勝研究室

坪井研究室時代に、深くかかわりを持ったプロジェクトに「航空機の格納庫（ハンガー）」があります。坪井先生が、梓設計の創業者である清田文永氏と懇意にされていたこともあって、大空間構造の専門家である坪井先生に設計協力が依頼されました。私が最初に関わったのは、成田空港に建つ「ANA成田第一格納庫」と呼ばれる施設でした。坪井先生はこれに先立って、羽田空港の「JAL第一格納庫」の建設にも技術アドバイザーとして参画され、成田ANAハンガーは二件目でした。

一九七八年五月、成田に「新東京国際空港」が多くの問題を抱えつつ開港してから一〇年後のことでした。この頃から国際間の往来がますます増大して、航空機の大型化が推し進められ、成田空港の整備地区には次々に格納庫が建設されました。当時、国際線を運航する航空会社は、それぞれの国に一社のみとされていたのが、ようやく複数の運航が認められるようになって、全日空にとって初めての成田進出でした。その後、成田に二棟、大阪・伊丹空港に一棟の格納庫設計に関わりました。設計作業には多くの人が関わっていて、経験の浅い私は十分な対応ができませんでしたが、「格納庫」という特殊な機能の施設設計に携わることができ、貴重な経験となりました。

「格納庫」というジャンルの建築は、空間構造として結構古くからのテーマでもあるにもかかわらず、「航空機の格納・整備」という特殊な目的の施設のため、ほとんど一般の方には周知されていません。航空機という巨大な機器を収納するため、非常に大きな空間が必要で、海外の大空間を研究する学者や設計者の間では魅力的なテーマであり、関連する論文も多数発表されています。しかし、これらの施設は、海外では単に航空機を格納するだけのものが多いのに対して、日本では単なる「格納庫」というより整備を目的とする「整備場」といった機能を持つ施設として作られるものが大部分で、海外と日本では設計条件が異なることが多く、建物の形状や構造システムにも相違が生じています。すなわち、広大な敷地に建設される海外の格納庫では、地上に整備機器を配置して整備するのに対して、敷地の有効活用が求められる日本では、天井からの大型クレーンによる整備が中心となるため、非常に重い設計荷重を想定する大スパン構造になることが多いのです。英国の空間構造の権威であるマコウスキー博士は多くのハンガーを設計されましたが、大部分は「軽量構造」と呼ばれるトラス形式の屋根でした。

「ANA成田第一格納庫」は、空港施設に多くの実績を持つ「梓設計」が設計を受注しました。ANAが国際線に就航を始めた時期の成田での最初の施設として、間口二〇一・六m、奥行き九〇m、高さ二五mの施設を計画し、大空間構造に詳しい坪井善勝先生を技術顧問に据えて、設計チームが結成されました。天井から吊り下げられるクレーンの走行に配慮して、屋根はダブルレイヤーの斜交平面格子梁としました。正面のクリアスパンを可能な限り広くとり、Boeing–747–400型三機が収納できる規模となっています。屋根の剛性は、吊り下げたクレーンの走行に支障がないようにするとともに、台風時の屋根面の吹き上げ力による上向きの変形によって前面の電動扉がガイドから離れることがないようにするためには、屋根トラスの厚さを一〇・五mにすることが必要でした。風洞実験の結果、当初想定した厚さ九mでは、剛性不足が懸念されたからです。

ハンガー屋根内部の天井には高温のヒーター、下弦材にはクレーンが設置された

設計段階では、屋根トラスの組立を地組とし、ジャッキでリフトアップすることを想定していました。当時の検討で、スパンが二〇〇mもの大スパン構造では、リフトアップが最も経済性が高いと試算されていたからです。実際の施工は「総足場」で、現位置で組み立てられました。ジャッキアップに必要な装置のための空間が確保できなかったことが理由と聞かされました。本締めが終わって、最後のジャッキダウンの作業をしていた翌朝（一九八七年一二月一七日）、M六・七の「千葉県東方沖地震」が発生しました。ジャッキダウンの最中の出来事で、屋根に登って計測にあたっていた計測員たちは、一瞬屋根が崩落したのかと思い、必死で鉄骨にしがみついていたと聞きました。関係者一同大変驚いたのですが、結果的には「安全の確認ができてひと安心」したことが懐かしく思い起こされます。

04–3 鋳鋼によるシャープで彫りの深い天井の体育館

戸田市立芦原小学校体育館

設計：小泉雅生／小泉アトリエ＋C＋A
構造：中田捷夫研究室

戸田市芦原小学校の設計は、一〇〇件を超える競技設計の応募案から特定されました。坪井研究室時代にURの仕事で協力したことがある審査委員長の内井昭蔵博士をして「さわやかな建築」といわしめたこの案は、荒川の東岸に程近く、東北新幹線の車窓からもみえる場所に計画されました。大変軟弱な地盤で、建物はかなり深い現場造成杭で支持されています。杭基礎工事の経済性を高めるため、床を可能な限り「縦積み」に集約して、屋上まで活用するように計画されました。

教室などの一般の施設は、複層にすることに特に構造的な問題はなかったのですが、体育館とプールについては最後まで検討が続けられました。最終的には、広い面積が必要な体育館とプールを平屋で設計することを断念し、二階建で計画することになりました。プールを「室内プール」として、下階に配置すると、二階の体育館にも屋根が必要になりますが、体育館を一階に配置し、屋上をプールにすれば、屋根なしで計画できるので、最終的に「屋上にプールをもつ屋内体育館」で提案することになったのです。

こうして、面積約九〇〇㎡、辺長比一・六六の室内体育館の屋上に、屋外プールが計画されました。プールを支える体育館の屋根は、二、六〇〇㎜グリッドの二方向格子梁で計画しました。中央

芦原小学校体育館内観。二方向薄板格子梁で屋上のプールを支持

部の梁せいは一、五八〇㎜となっています。

この格子梁の特徴は、通常のH形の梁と異なり、下弦のフランジをウェブに直交ではなく、九〇度回転して縦に配置したことです。幅を持つ曲面梁のフランジは、十字の交差部で平面にならず、複雑なねじれ面となるため、フランジの連続性を確保するため、フランジ幅を極限まで狭めることが重要です。設計では、十字形フランジの交差部を「鋳鋼」で製作することにしました。この結果、この二方向格子梁は、近似的な楕円放物面となり、とてもシャープで彫りの深い天井となりました。

学校建築における体育館は、通常あまり注目されることがありません。床面積一、〇〇〇㎡の空間は、特殊な機能が要求される場合を除いて、構造種別や構造システムに関わりなく、多彩な設計が可能です。ただ空間の形状や規模もほぼ同じで、どの地方の学校にも必ずある施設のためか、常に低い予算しか計上されず、空間構造に挑戦する機会を与えられないことが多いのは残念なことです。設計という行為の中で、常に新しい提案ができるわけではありません。しかし、一言に学校建築と言っても、立地条件や要求条件は異なるうえに、設計者それぞれの発想も異なるはずです。大断面木構造の採用など、楽しい建築が生まれることを期待したいと思います。

この芦原小学校の体育館では、厚肉部材の交差部に「鋳鋼」を採用しました。これは鋳鋼を「使いたくて」使ったのではなく、「鋳鋼でなくては接合できない」と判断したからです。近年、鉄鋼業界から、熟練した職人の高齢化と人材不足という声が聞こえてきます。工場をライン化し、自動溶接の採用を推進してきた鉄鋼業界にとっては、やむを得ない対応であったかもしれません。角パイプやH形鋼だけで空間ができないわけではありませんが、部材の形状や接合の方法が限定されてしまうと空間設計の自由度は著しく低くなるのです。

近年、複雑な形を画像化するソフトが普及しています。そして、一旦形の数値化ができると、数値解析ソフトによって「構造計算」が可能になります。しかし、設計で形は造れても、実際の部材の製作には多くの難題があるのです。

「溶接しない」で曲面を持つ部材の製作に活用されてきた手法に、「鋳鋼」があります。多くの場合、木型や砂型と呼ばれる〝型枠〟に溶けた鉄や鋼を注入して製作するので、主に三次元的で塊的な形状の部材の製作に使われてきました。最近では、鋼材の品質管理技術の進歩によってかなり大型の部材も製作できるようになりました。「型」の製作にコストがかかるといわれていますが、将来、3Dプリンターのような装置が活用できるようになれば、もっとコストの低下が図れるようになり、産業革命時代にイギリスで使われた「鋳鉄」のような建物が復活するのも夢ではありません。

04−4

コンピュータの考えるデザインには慎重に……

ぐんま国際アカデミー体育館

設計：宇野享＋小嶋一浩＋
赤松佳珠子／CAn＋CAt
構造：中田捷夫研究室

ぐんま国際アカデミーは群馬県太田市に建つ英語教育を主体にした中高一貫校で、バカロレア資格の認定を受けた日本の戦略校に位置付けられる学校として計画されました。平屋建の教室棟は、集成材による木軸構造で、軸組を現しにして、柔らかな空間を目指しています。ところどころに設けたRC造のコアのトップライトから差し込む光が、子供たちにとっての心の安らぎになることが期待されています。

この計画も、競技設計で特定されたもので、全体を木質素材で計画し、提案されました。平屋建の教室棟では、梁せい九〇㎝の集成材を壁として使って、耐震壁として活用しています。

設計の中で、最も工夫をしたのは体育館です。やや正方形に近く、辺長比が一に近い平面形をもつ空間では、屋根の荷重は二方向へ伝達し、一方向梁で計画したのでは、室内空間に方向性が生じてしまいます。屋根の荷重を二方向に分散し、厚さを可能な限り薄く抑えることを検討しました。

その方法として、

①高強度の素材を活用する。

②二方向に応力が伝わる骨組みとする。

③壁面は、教室棟と同様、木の素材で計画する。
の三つのことを設計の目標に、計画を練っていきました。
この結果、
①屋根は二方向フレームで、鉄骨造とする。
②壁面は大断面集成材の軸組とする。
ことを選択して、提出案を作成しました。

屋根の二方向の応力伝達を可能にするフレームとして、H形鋼による「ユニットフレーム」を採用して、運搬の効率を高めました。このシステムは、エ型ユニットの片側の弦材を九〇度回転させ、束材で剛接合した基本ユニットを、二方向に展開した二方向変則フィーレンディール架構で、安定な架構を形成します。ただこの架構は、部材の曲げによる伝達システムとなるため、屋根の変形が大きくなるので、必要な部分に最小限のブレースを併用することにしました。ブレースの数を最少に抑えるため、応力の小さい部分のブレースから順次取り除き、必要な性能を満足する配置を決める最適化の手法によってブレースの位置を決定しました。この手法は最適化の問題としては最も初歩的なものですが、実際の設計ではこのような単純な問題に適用するのが現実的で、いきなり複雑な形状の最適化に取り組んでも、施工上の問題で実現できなくなることもあるので、「コンピュータの考えるデザイン」には慎重な検討が必要です。

現場には、大手ゼネコンを退社された経験豊富な現場マンが担当され、大変精度の高い組立が行われました。見慣れない構造に最初はためらっておられましたが、自分で模型を作って施工順序のスタディをされたりして、フレームの仕組みに大変興味を持っていただけたと聞いています。

屋根を支える壁面の骨組みとして、X型の柱列を採用しました。X型のフレームを同じ平面内に納めるためには、斜材の交点で切断する必要が生じます。切断した部材を同一平面内で接合するた

体育館内観。地震力の大体は４本の隅柱に集中した。中間柱に負担が少ない

めには、多くの金物が必要になります。これは、氷見ふれあいスポーツ・センターで挑戦した際に経験したので、この計画では傾斜する部材を切断せずに、面をずらして配置することにしました。しかし、この案にも問題が潜んでいました。両方向の斜材が、偏心して配置されたため、水平力が作用すると上部の枠梁にねじれが発生し、水平剛性が大きく低下したのです。その結果、水平力の大部分が中間の柱群で支持できず、四隅の数本の柱に集中し、中間のX型のフレームには十分な耐震効果が期待できませんでした。これは、私たちの「斜材は、水平力に効く」という単純な形に対する先入観に誤りがあったからで、期待とは異なるイメージの設計になったことを大いに反省しています。

04–5 「楽しみ」の共有は設計の大きな成果を生む

式年遷宮記念せんぐう館

設計：栗生明＋
栗生総合計画事務所
構造：中田捷夫研究室

せんぐう館は、一三〇〇年にわたる歴史を持つ伊勢神宮で、平成二五年に行われた式年遷宮を記念して建設された下宮の敷地内に建つ記念館で、展示室には伊勢神宮正殿の実大模型が展示されています。建築家・栗生明氏から、構造設計を依頼されたときは、既に建物の全体構想がかたまっていて、構造は如何に意匠の目指す最終形を実現するかでした。

建物は、下宮の入口左脇の、勾玉池に面していて、一部は池の上に張り出しています。また、聖域内の建物として高さの制限があるにも拘らず、その内部に正殿の実大模型を展示する空間が必要で、結果的に地下一階地上一階建で、二層にわたる吹抜空間を持つ計画になりました。躯体は、地下階と一階がＲＣ造で、山形の屋根は鉄骨構造です。屋根の構造を収めるために確保できるスペースは五〇㎝余りで、最終的には広幅フランジのＨ形鋼による平面格子フレームで対応することになりました。屋根葺き材は鋳鉄製の折版で、面内剛性を確保するために形鋼のブレースを配置しています。

建物を支持する基礎構造は、かなり複雑になりました。建物の片側が勾玉池という状況に加えて、支持地盤が古い時代の沢筋になっていたため、杭の先端レベルがまちまちで、杭の水平剛性の評価が複雑になりました。さらに、地下階の工事に際して、建物の外周は当然止水壁を設けて排水するのですが、完成後に発生する浮き上がり力に対応するため、アースアンカーも併用しました。工事を担当された施工会社の綿密な施工計画で、工事は無事に完了しました。

通常、構造設計事務所は建築設計事務所からの依頼を受けて業務を担当します。設計に際して、構造の仕組みを活かしてデザインする業務もあれば、建築主の意向に沿って内容は一切変更せず、ただ確認申請を通すだけという業務もあります。よほどの事情がない限り、構造設計事務所が選択する機会はありません。

構造設計の作業は、私ひとりで対応することはできません。「チーム」で対応するわけですから、私が面白くても担当者は苦痛という場合もあります。ゆっくりと取り組める時もあれば、大変急ぐ場合もあります。しかし、よく考えてみると、初めから「面白い」仕事があるわけではないのです。面白いと感じるのは、設計者が作業の中で何をテーマにするのかによって異なります。「面白さ」は自分の中にあるのであって、仕事の中にあるわけではないのです。

この構造設計者の楽しみを、もし建築家と共有できたとき、設計は「大きな成果」を生むことになると思います。本来、構造と意匠は一体のものですから、相関関係にあると思っています。構造は「論理」、意匠は「感性」が中心的な課題ですが、論理のない感性は、多くの人の共感を得ることが少なく、また時間の試練に耐えられないことが多いと思います。

業務の流れは確かに意匠の作業が先行しますから、構造設計者は建築家にサービスを提供することで十分という意見の方もいますが、私は「建築家と一緒になって、建築主にサービスを提供する」ことが大切だと思っています。

「構造設計」というサービスの内容は、一般の人には理解しにくいかも知れません。自然の摂理に逆らった仕組みを主張する構造は決して美しくはならないし、環境に馴染むことはないでしょう。

せんぐう館の前面。内部は無柱の∩形空間。屋根は長尺の鋳鉄鋼板

自然界に存在するすべてにおいて、構造の存在は「自己主張」はしていません。構造は自然の摂理に逆らわずに成立すれば、それで十分ではないでしょうか。

建物を設計する際の設計条件としては、自重と地震、風、雪などによる臨時荷重を想定することが法で定められています。最近では、地球温暖化の影響かどうかは明らかではありませんが、確かに豪雨に伴う浸水被害がしばしば聞かれるようになりました。せんぐう館でも、伊勢地方への豪雨の際に、勾玉池の溢水によって展示室に浸水する被害が発生しました。建築に起きる被害のほとんどは、「想定外」の外力・外乱が発生したときです。

どのような設計荷重を想定するかは、「社会的な判断」による「人為的な行為」です。法律は、人間が集まって住むための「標準的な規範」を示したものに過ぎません。設計者がどこまでコミットできるのか、「重い問題」として受け止める必要があります。

04-6

「幅とせい」の構造部材の感覚

とどろみの森学園
箕面市立
止々呂美小・中学校

設計：小嶋一浩＋赤松佳珠子
／CAt
アルパック地域計画
建築研究所
構造：中田捷夫研究室

この施設は「水と緑の健康都市小中一貫校」として計画され、教室棟、体育館棟とプール棟の三つの施設で構成されています。CAtの小嶋一浩氏との協働の中で、構造のアイデアが最も色濃くデザインに反映された建物だと思っています。

このプロジェクトでのテーマは、構造部材の「幅とせい」の感覚でした。部材の高さに対する幅の比率は、H形鋼のような部材とコンクリートの梁でそれぞれ異なるのは経験的に理解できますし、集成材の梁においても材幅／材せいの割合によって、許容曲げ応力の低減係数を設定しています。

体育館の設計に際して、空間の要求に応えるために、一方向の湾曲梁の採用を試みました。曲げ応力が主体の鉄骨部材は箱型断面とし、曲げモーメントを受けても、横倒れ座屈を起こしにくいように配慮しました。箱型断面のような閉断面の部材は、H形鋼のような開断面の断面形状に比べて、ねじり剛性が大きいため、横倒れ座屈を起こしにくいのです。私は、かねがね「どのくらいの形状まで設計に耐えられるのか？」を考えてきました。

以前、ある建物で鉄骨の細幅箱型柱を計画したことがあります。工場溶接で製作する計画を立てたのですが、これは思いのほか難問だった経験があります。溝形に溶接し、内リブを溶接して、残る面にふた溶接をしたのですが、溶接のひずみで大きくねじれを起こしてしまったのです。予熱と冷却の繰り返し作業によって矯正したのですが、大変手間のかかる作業でした。このようなことは鉄鋼の専門家にとっては極く常識的なことだったようで、不勉強を恥じ入った次第です。以来、何とか細幅の曲げ材で空間を作ってみたいと思っていました。この気持ちを小嶋先生にお伝えしました。

鉄筋コンクリート構造においても、同じような疑問を持っていました。私は昭和四〇年頃、坪井研時代から壁式構造の開発に取り組んできたのですが、この薄肉構造の梁でも横倒れ座屈防止のため、必ず横補剛を設けています。以来、薄いコンクリートの梁を作りたいとずっと考えていました。その空間の魅力を発見した事例をメキシコで発見しました。

岡本太郎氏の壁画がメキシコで発見され、その回収にメキシコシティを訪れたとき、世界的に有名なホテル、カミノレアルを訪れたことがあります。ホテルロビーの一角に細幅コンクリートの格子梁の空間があり、トップライトから差し込む鮮やかな原色の光が白く塗られた梁の側面に生えて、大変美しかった記憶があります。この建物は小嶋先生もご存じで、あの彫りの深い空間の魅力を記憶しておられ、意気投合したのです。

このイメージを活かしたくて、教室棟の構造システムを壁式構造とし、「細幅の曲げ材」に取り組むことにしました。

教室棟は六八×六八mの正方形プランで、基本グリッドは四・〇mに設定されました。この寸法は小梁を必要としない一枚スラブとして経済性の高い寸法で、標準的な梁は二五〇×一、五五〇㎜と細幅の梁が選ばれました。二階建の壁梁の幅はすべて二五〇㎜で統一され、更に開口部の寸法も規格化できるため、建築的にも十分メリットがある経済的な建築となりました。

体育館は、梁間方向スパン三七・五mの門型フレームを四、〇〇〇mピッチで配置しました。一方向梁の構造で、梁の片側は緩やかに弧を描く湾曲材で、柱へと繫がっています。梁―柱の形状は二〇〇×九二五㎜の箱型断面の湾曲部材で統一しました。ステージと反対側の湾曲屋根にはスカイライトが設けられて、柔らかな間接光が差し込み、まるで構造がないかのような一体感のある空間を醸し出していて、建築家の力量が見事に表現された設計になっていると思います。

構造的なテーマを取り込んで建築にまとめ上げてゆく手法は、通常、規格化された生産の流れに乗らないため、ともすれば敬遠されがちですが、この問題さえ解決すれば、今までにない、しかし構造の合理性から遠ざかることのない、魅力的な、個性ある建築を創造することができると思います。空間を作り出すための架構の形式は限りなくあるのに、部材の使用を限定してしまうと、その数は大きく制約されてしまいます。「今」という時代は、限りなく経済性を追求するため、入手できる部材の形状は限定され、規格化されています。コンピュータによる最適化の手法は、時として有効な手法ですが、材料の最少化ばかり追求していると、何れ建築のデザインは壁にぶつかって窒息状態になり、「□―H構法」に代表されるような、規格化された架構しか設計できない時代になるのだけは避けたいものです。

04-7 ホールの天井設計

千葉市美浜区民ホール保険福祉センター

設計：小泉雅生／
小泉アトリエ・C＋A
村井建築設計共同企業体
構造：中田捷夫研究室

千葉市美浜区はその名前のとおり、千葉市の海岸線の海を埋め立ててできた埋め立て地です。この施設は、美浜区役所に隣接する一角に、一〇〇×四五m平面の五階建の鉄骨ラーメン構造で計画されました（一部鉄骨鉄筋コンクリート構造）。建物の端部には、大きな吹抜空間の区民ホールが配置され、架構の構造特性を複雑にしています。建物を支持する地盤はGL－二五m～三〇mに達し、上層部は流水客土によって埋め立てられた砂地盤です。液状化への配慮を兼ねて、やや太径の直径二・一mの現場造成杭が採用されました。

建物二階の入口に通じる階段には、門型の屋根が計画されました。極薄断面のボックス柱と、梁による門型フレームが連続して配置されました。この案は「水と緑の健康都市小中一貫校」の場合と同じ問題を含んでいて、製作時に大きな溶接ひずみが発生し、直線性を確保するのが大変難しい作業と言われました。ひずみの矯正作業は局所的な加熱と冷却によって行われ、美しい形状の柱列を見せています。通常、箱型の柱材は自動溶接機で製作され、ある程度の幅があれば、溶接ひずみで形状が乱れることは少ないとされています。しかし、細幅で板厚の厚い箱型部材では溶接量も多く、熱によるひずみが発生しやすいのです。

区民ホールの端部に、中規模のホールが計画されました。構造設計では、通常、構造躯体の常時、非常時の安全性について、諸法令に適合していることの確認資料の作成を行います。また、垂木や屋根葺き材などの構造二次部材の性能についても、安全性の検討資料を添付することが求められています。しかし、仕上材や非構造部材、設備機器などについては、設備設計者やそれぞれの製造者に委ねられ、通常、構造設計者が関与していないことが多いのです。

特に、屋根に取り付けられる天井や反射板などについては、生産・販売会社のカタログに示された製品の保証荷重や方法で取り付けられています。

ここで改めてこの話題に触れたのは、最近発生した地震によって、天井がかなり激しく崩落したからです。行政もこの問題を注視して、以前より詳細な安全確認を行うよう法律で定めています。

事務所ビルなどの天井は、通常、軽量のものが多く、軽鉄の下地から吊り金物で吊り下げることが一般的ですが、比較的大きな空間の音楽ホールなどで、同じ手法で天井を取り付けると思わぬ事故に繋がることがあります。

3・11（東北地方太平洋沖地震）の地震時にあるホールで起きた事故は、規模が大きく、訴訟にまで発展しました。音響効果に期待して、重量のある曲面の反射板が屋根から吊り下げられました。重量の増加に対応するために、通常の天井吊り材を数多く配置して、嵩んだ天井の重量を支えるように設計されたのです。

震源地から遠く離れ、それほど巨大でもない地震で、数百㎡の天井が崩落しました。天井の吊り材や金物の数はあまりにも膨大で、落下後の調査や多くの検証でも、確かな原因は発見できませんでした。幾つか崩落の原因かも知れないと思われるディテールがあったのですが、どれも決定的な原因にはなりません。一旦、破壊が起きてしまった後では、その原因を見つけ出すことは極めて難しいのです。

美浜区民ホールの内観（撮影：阿野太一）

私が指摘できることは、数十ｔもある天井を、数百本の長さの異なる吊り材で吊り下げ、一本あたりの吊り荷重に換算して保証荷重に適合していることを確認し、破壊を論じることには無理があるということです。それぞれの異なる支配面積と長さの異なる吊り材が、地震動に際して、支配面積的な考えで計算できるとは到底思われません。地震時の天井は、振り子のような規則的な運動をするのではなく、おそらく海面の波動に近い運動をすると思われます。「数十ｔの天井を、数百本の吊り材で吊り下げる」ことと、「一本の吊り材で数百kgを吊る」のとは同じではないことに注意すべきだと思います。

04-8

構造のセオリーに沿ったディテール

保内町庁舎

設計：木島安史＋
YAS 都市研究所
構造：中田捷夫研究室＋
力体工房

二〇〇〇年初頭に、この庁舎が建設された頃、保内町は〝愛媛県西宇和郡保内町〟でしたが、二〇〇五年三月に、一市一町の合併により、現在は八幡浜市の一部になりました。この建物は一九九二年二月に竣工したのですが、残念なことにこの年の四月、当時千葉大学教授の木島安史先生が他界されました。一九九一年一二月、竣工間近の建物検査のため一緒に現場を訪ね、帰りに東京で祝杯をあげようとお約束したのですが、羽田に着いたときに少し体調が優れないので延期しましょうと言われました。そして、年明け早々に入院され、治療に入られたのです。

木島先生のことで一番強く印象に残っているのは、恩師坪井善勝先生が木島先生のことを「鬼才」と呼んでおられたことです。日本建築学会が有楽町から田町へ移転する際、建築会館の設計競技があり、木島案は残念ながら次点に終わりました。応募案の詳細な内容は承知していませんが、どこかイスラムの dome を思わせるダイナミックなデザインで、強い個性の設計だったと記憶しています。先生が設計された熊本県の球泉洞森林館も、どこかイスラムの建築を感じさせる設計で、先生が若い時代にエチオピアの大学で教鞭をとっておられた時代の感性が深く影響しているのかも知れません。

保内庁舎は鉄筋コンクリート三階建の事務棟と議会棟の二棟を離れて配置し、その間を鉄骨造のアトリウムで連結したコ字型の平面構成となっています。アトリウムの屋根は三枚の円筒面を組み合わせた形状で、外周の三辺と中央の一点で支持しています。架構は二方向のフィーレンディールで、円筒面が交わる稜線は二方向から屋根梁を取り付けるため、鋼管による三角形の梁としました。

フィーレンディール梁を構成する束材は、両端ピンで現場で組立、ウェブのボルトを本締めした後、フランジを現場溶接することにしました。弦材の片方が円弧で構成されているため曲げが少なく、束材の固定端を片方だけに配置しても、計算上十分安全であることが確認されたため、交互にピン接合になる変則的なフィーレンディール構造としました。H形鋼の曲げ加工や、鋼管の曲げ加工など特殊な加工が必要になったものの、すべて現地の工場で加工でき、無事竣工に漕ぎつけました。

構造の納まりが、意匠設計のダメージとなることがしばしばあります。「見えては困る」詳細があるかも知れないということで、構造の納まりに無理をすることが多々あるのは事実です。構造の納め方はただ一つしかないわけではありませんが、無理のない納め方もそう沢山あるわけではありません。設計者によっては、まったく無関心な人もいれば、ものすごく神経質な人もいます。木島先生は、構造設計者に見え方の注文はあまりされませんでした。理由は「仕掛けは見えた方がいい。沢山あるほど、デザインする素材が増える」と言われます。このように言われると、構造設計者は、「構造のセオリーに沿ったディテールとは何か」について推敲を重ねなければならないと感じるのです。今でも、木島先生が残された言葉の「重み」を感じながら設計に臨んでいます。

二つの事務棟を繋ぐ連絡通路を設計しました。張弦材で補強した鋼製の渡り廊下で、強度の高い既製のセミハイテンタイロッドを採用しました。構造的には特段、特殊なディテールもなく完成したのですが、完成後一つだけ不具合が発生しました。当初からあまり多くの人の通行を想定してい

保内町舎玄関ホール内観。三個の円筒面の玄関ホールを鉄骨格子梁で構成

なかったため、大きな荷重は想定していなかったためか、人が早足で歩くと上下方向に共振現象が起きたのです。

原因の一つは、組立時には支保工で支持されていた躯体が、支保工の撤去とともに釣合い系が変化して応力状態が変化し、張弦材の効き方が設計と異なってしまったことです。これは、ターンバックルの締め込みで張力を調整して解決できました。

もう一つは、ブリッジの固有周期の問題です。どの構造物でも必ず「固有周期」があるのですが、張弦梁構造では比較的長周期のものが多く、ある周期で繰り返し荷重や変形を加えると、「共振」することがあります。この場合は、床重量の調整などで固有周期の調整は不可能ではないのですが、大きく変えることはできないので、結果的には歩行者に「走る」のを遠慮していただく対応措置をお願いしました。以来、三〇年近く経過しましたが、今のところ、特段の不具合は報告されていません。大きな橋梁などでは当然検討すべき項目なのに、規模が小さいからといって検討を省略してはいけないことを学びました。

04-9

かたちとちからは必ずしも一致しない

神慈秀明会
滋賀の神苑教祖殿

設計：ミノル・ヤマサキ＆アソシエイツ
構造：坪井善勝研究室

わが国の宗教建築と言えば社寺建築で、古くからその様式が伝承されてきました。世界を見渡すと、ウエストミンスター寺院やサグラダ・ファミリア教会、チャンディガールやブルーモスク、ボロブドゥールなど、いずれも宗教建築は「祈りの建築」として建設されてきました。歴史建築と言えば先ず宗教建築と言ってもよいほど、その数も多く、スタイルも多様です。わが国は多宗教国家と言われ、神道や仏教、キリスト教など異なる宗派や、比較的新しく興された宗教も数多くあります。これらの新しい宗教では、形式にとらわれず、意欲的なデザインの建築が作られていますが、それらの大部分は、一般には公開されていません。そのため、折角の素晴らしい施設も「謎の存在」になっているのが現実ですが、これらの施設も、今後数十年、数百年後には、社会に溶け込んだ今の、〝神社やお寺〟のように広く一般に開放された存在になるのかも知れません。

ミノル・ヤマサキ氏は一九一二年、ワシントン州シアトルに生まれた日系二世です。父は富山県生まれの日系移民で、アメリカ文化の中で日系二世の建築家として多くの実績を積んでこられ、二〇世紀の世界の巨匠の一人に数えられました。World Trade Center の設計者として有名ですが、建築を始めて間もない私が最初に驚いたのは、シアトルの友人からいただいた〝Seattle World's Fair

Federal Science Pavilion〟の絵葉書でした。広場に建つ繊細な形のアーチ群が池の中に建つ姿に見入ったものです。そして、後日このアーチがプレキャストコンクリートで作られていることを知って、本当に驚きました。ヤマサキ氏は、ハワイの構造家 Al. Yee 氏と組んで、多くのプレキャストコンクリートによる設計をされました。その繊細な感性は、日系の血を引くヤマサキ氏のお人柄そのもののように思われます。

神慈秀明会滋賀の神苑に計画された教祖殿・神殿は、会主小山美秀子氏が世界中を回っていろいろな建築家の作品を見た結果、ヤマサキ氏の建築に魅入られて設計者に選ばれたと聞いています。ヤマサキ氏は、教祖殿のイメージとして「富士山」を選んだと言っておられました。やはり、長年外国に住んでおられても、日本人の感性は持ち続けておられたのだと思います。

デザインが決まる経緯については、章の初めに触れました。巨大な建築で、設計すべき項目も多く、私が担当したのは神殿、地下階と基礎の構造とスカイライトフレームです。屋根構造は、当時足利工業大学教授の名須川良平先生（故人）と坪井研究室の岡部喜裕氏（現力体工房）が担当されました。

教祖殿は、短辺六〇m、長辺九〇mの平面をもち、高さ四五mの湾曲した四本で支持された台形の鉄骨フレームから、懸垂曲線の鉄骨トラス梁を吊り下げた空間構造で、当時私たちは「超高層の平屋」と呼んでいました。屋根面にはそれぞれの梁に横繋ぎとラチス材を取り付けて、懸垂曲面のトラスシェルを構成しています。スカイライトの開口は二〇×五〇mの長方形で、面内方向の安定を確保するために鉄骨の斜め格子梁を取り付け、その上に短辺方向に二〇mスパンのH形鋼による山形トラス梁を架設しました。四本の巨大柱の柱脚部にはコンクリートが充填され、骨組みの剛性を高めています。

建築家の屋根のイメージは、すだれのような懸垂線の曲面が、「主梁から吊り下げられている」イメージだったそうですが、地震や強風に対する安定を確保するためには、屋根面の面内、面外方向の高い剛性が必要で、その結果、〝屋根が主梁を支持する〟逆の現象が起きる側面もあって、「かたちとちから」は必ずしも一致しない結果になっています。

地下階の階高は八mで、八×八mの□型断面の箱構造が四本の主柱の脚部を繋ぐ基礎梁の役目をしています。地下階に設けられた中規模のホールの部分は鉄骨鉄筋コンクリート構造で、一階ホールの床を支えています。

私の担当した基礎構造は難問でした。教祖殿を支持する地盤は傾斜地で、建物の約一／三は地面から突出して、空中に突き出ています。地盤は、関西地方特有の〝風化花崗岩〟で、強度的には支持基盤として十分な強度を持っているのですが、乾燥すると細粒化し、〝マサ〟と呼ばれる崩れやすい地盤です。施工を担当した清水建設土木部の協力を得て、一部が空中に突き出た〝突出杭〟を含む、現場造成杭で設計することになりました。主架構を受ける隅部の杭は直径が八mの巨大杭となり、NATMと呼ばれるトンネルの掘削構法で掘削し、D51と呼ばれる太径鉄筋を一本一本重機で吊り込んで施工しました。

一九八二年に竣工したこの建物は、ミノル・ヤマサキ氏が日本に残した、最後の建物になりました。一九八六年二月ミシガン州デトロイト郊外の自邸で、七三歳の若さで他界されました。設計が始まった頃、デトロイト市トロイのヤマサキ事務所に二週間ほど滞在して作業をしていましたが、ある日の夕方、名須川先生と一緒に自宅に呼んでいただき、ヤマサキ氏による手作りのお酒をいただいたことが今でも忘れられません。

04—10

柱や格子壁を自由に配置して屋根を支持

大分農業文化公園中心施設

設計：伊東豊雄建築設計事務所
構造：中田捷夫研究室、レン構造設計事務所

大分県の国東半島、大分空港に近い日指ダム湖の周辺に、体験的な農業振興を目標にした総合施設が計画されました。竣工は平成一〇年ですが、この案に決まる前には別の計画がありました。競技設計の応募案は「木造」で、伊東豊雄氏の案が選ばれたのですが、大分県の意向で「鉄骨構造」に変更する、新しい計画が求められました。

伊東氏との出会いは詳しく記憶していませんが、私の坪井研究室時代の親友半谷裕彦東大教授（故人）から紹介されたのがきっかけだったと思います。坪井先生、半谷先生を交えて、四人でお茶の水の山の上ホテルでお目にかかったことが懐かしく思い出されます。

当時、坪井先生は所員の私に坪井研究室に在籍しつつ、自分の仲間と独自に設計活動をすることを許して下さっていて、「坪井研究室を閉じるときが来ても困らないように基盤を作れ」と繰り返しアドバイスされていました。幾つかのプロジェクトに参画し、それなりに努力してきたのですが、坪井研究室の業務が忙しくなったこともあって、伊東豊雄建築設計事務所との協働がこの計画を機に暫く途絶えてしまったことを、大変残念に思っています。設計という業務は、多くの人々の協働作業であり、同じ事務所のスタッフでさえ一体で取り組めないこともあり、主宰することの難しさ

を痛感しました。

この施設の特徴は、平面が二四×三〇〇ｍの平屋建で、長手方向が三棟に分割されています（研修テナント館、花・昆虫館、レストラン館）。躯体の構造は、梁間方向が片流れの一スパン門型フレームで、桁行方向は屋根面と壁面に部分的にブレースが配置されています。梁間方向フレームの特徴は、梁が二五〇×六五〇×二二㎜の箱型断面、柱が二五〇×四〇〇×一九㎜の箱型断面で、三、六〇〇ピッチの間隔で配置されています。既製のロールH形鋼では強軸と弱軸の強度が決まってしまうので、この計画に最も適した断面性能の部材を、溶接で製作することにしました。桁行方向の水平力に対して、当初は、壁面や屋根面に薄い鋼板を張って張力場を構成し、障子のようなブレースのない構面を計画していたのですが、施工性の観点から筋かい案に変更されました。

当時を振り返ってみると、設計という作業では個人の対応には限界があり、スタッフと協働する必要があります。どの程度の規模にするか迷うところですが、坪井先生はかねがね「事務所は大きくするな」と言っておられました。特殊な専門分野を納めてきた人は、その分野ではうまく対応できても、分野の異なる設計に対応できない。かといって、常に種々の専門分野のスタッフを雇用することはできない。そんな悩みに対する一つの答として、「常時のスタッフは、全体の統括と調整を担当し、プロジェクト毎に最も適した人材や事務所と協働する」体制を築くことでした。私もその趣旨に沿って、プロジェクト毎に協力者と組んで仕事に臨んできました。今もそのスタイルは変わりませんし、コンパクトな運営に心掛けています。

この計画で競技設計に応募した案は、「木造」でした。国内産の細径の木材を網目状に配置して、油絵のパレットのような自由な形状の屋根を形成し、柱や格子の壁を自由に配置して屋根を支持する計画でした。

細径の木材を幾重にも重ねて、自由曲面を造る手法が幾つかの事例に見ることができます。実現しませんでしたが、伊東豊雄建築設計事務所でも東北地方の温泉施設の屋根に、大小のドームを連結したピーナッツ型の木格子の屋根を計画したことがあります。しかし、この構法では木材に強制変形を与えるため、無荷重状態でも木材には既に初期の内部応力が発生し、荷重を支える能力が低下することを余儀なくされます。更に曲面の形状によっては、部材にねじれが発生し、実際の構造の性能が明確に評価できないことが起こります。このことを避けるため、大分では屋根は平面とし、壁面も部材に曲げを与えるのを避けて、線織面で設計を試みました。

近年、電算機による数値解析技術の普及により、自由曲面の計算も高い精度で行えるようになり、現実の建物に自由曲面の採用が可能になりました。しかし、木材は自然素材であり、節や年輪の密度、乾燥やクリープなどの不均一性や経時変化は避けられないので、実際の設計への採用については十分慎重な配慮が必要だと思います。

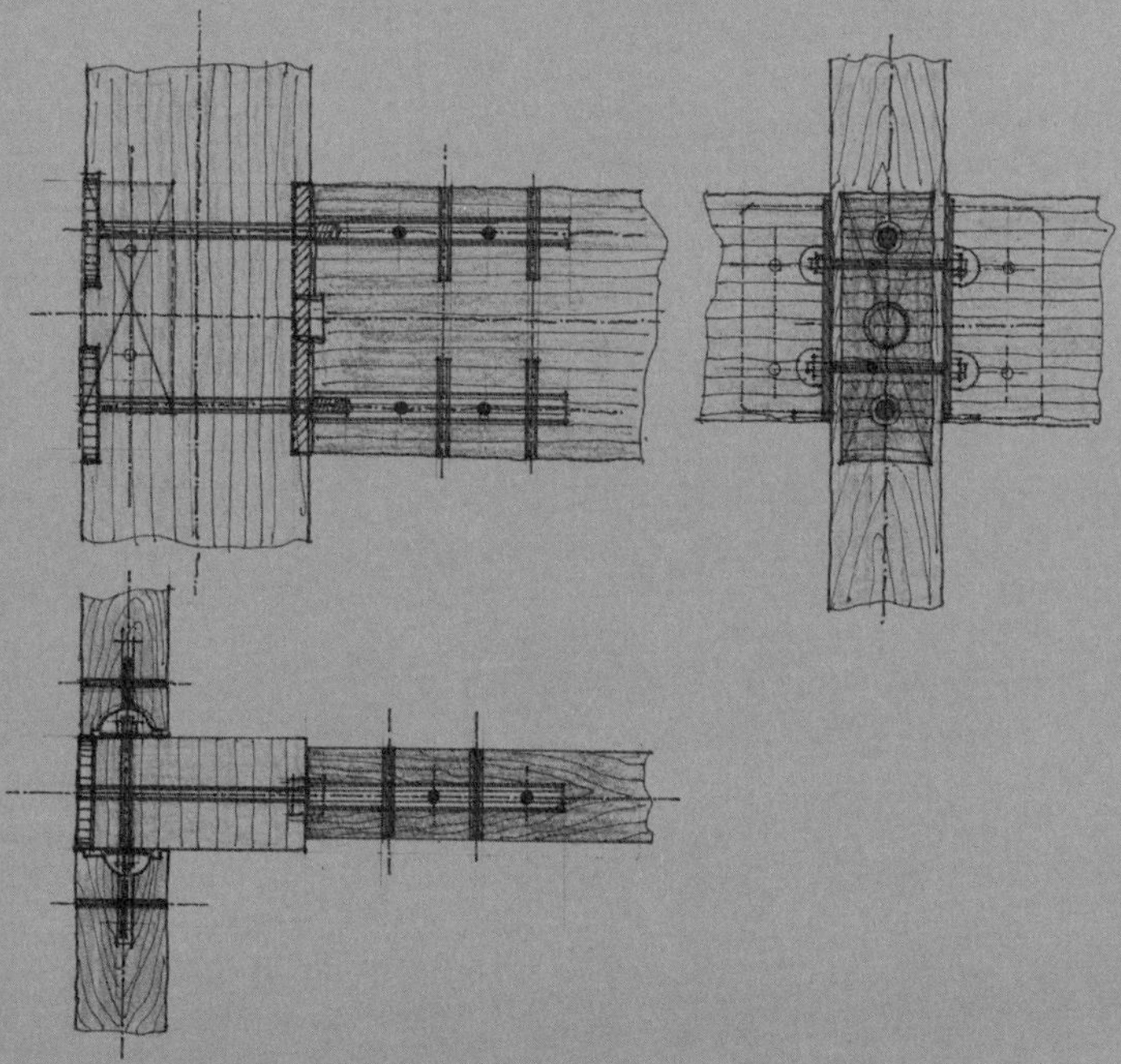

05

鉄筋コンクリート構造の語りごと

05−1 鉄筋コンクリート構造について

鉄筋コンクリート構造は最も身近な構法として、今の建築には欠かせない手法ですが、その歴史は意外に浅く、建築の構造材として使われ始めてまだ百数十年の歴史しかありません。セメントそのものはかなり古い素材ですが、それでも鉄に比べれば格段に新しいのです。私の父は明治末期生まれの町の〝建築屋〟ですが、当時鉄筋コンクリートの設計をできる人はほんの一握りだったそうです。木造中心の時代では、「コンクリート」の建物は、不燃、耐震の救世主でした。

関東大震災で東京市が焼け野原になり、太平洋戦争でまた焼け野原になった都市の復興は、「鉄筋コンクリート構造」なくしてはなしえなかったと言っても過言ではありません。もちろん、鉄骨構造も復興の主役を演じたのですが、経済性のよさと施工技術のシンプルさが一般建築の主役を演じたに違いないと思います。中でも、「RCラーメン構造」は花形でした。高さ〝一〇〇尺〟の制限の中で、九階建の重層建築が続々と建設されました。建築家・丹下健三先生の香川県庁舎などデザイン性の高い建物も生まれましたが、同時に、ラーメン構造は〝普通〟の構造を造る道具として、広く普及してきました。

私も、実に多くの鉄筋コンクリート構造の建物に携わってきました。一〇〇％鉄筋コンクリート造でなくても、コンクリートを使わない建物はないと言えるほど、どこかにこの素材は活用されています。では、私たちは本当にこの構法を理解しているのかと問われると、大変返答に困ることが多いのではないでしょうか？　あまりにも一般的過ぎて、その扱いが粗雑になってきていると感じています。

例えば、「伸びないのに、縮む」ことや、一体構造（monolithic）としていますが、必ず「打継ぎ」があることなど、当たり前なことにもかかわらず、これらは設計に際して考慮されていません。このため、完成した後に思わぬ不具合が生じることになるのです。さらに、コンクリートは鉄筋で補強されていると信じていても、コンクリートの打設に際して到底充填できそうもない配筋が行われているのに無頓着なのはなぜでしょうか？　鉄筋コンクリート構造は、あまりにも私たちに近い存在になりすぎて、安易に扱い過ぎているように思えてなりません。

私は、コンクリートの使い方を考えるとき、三つのカテゴリーに分けて考えています。

例えば、①線的に使う、②面的に使う、③塊的に使う、のように、幾何学的に分類するのも一つの方法かと思います。柱や梁は①、スラブや壁、曲面版（シェル）は②、基礎などは③といった具合です。これは、壁や梁は軸力、曲げとせん断、スラブや壁は面外曲げや面内せん断、シェルは面外曲げと面内直応力にせん断など、形状と応力が対応しているからです。「塊」については、残念ながら設計手法が確立されていません。厚いスラブは有限要素法で立体解析が可能ですが、三軸方向の破壊がどのように起きるのか解明できていないのが現状です。三軸方向の最大主応力度が、コンクリートの最大強度を超えないことの確認でしょうか？

二次元的な構造として、私は「壁式構造」と「シェル構造」に関わってきました。

「壁式構造」は、日本が経済発展途上にあった昭和三〇年代の後半に、当時不自由だった住宅事情解消の施策として「日本住宅公団」を発足させ、経済性が高く強靭な公営住宅を供給する目的で建設されました。この住宅は、壁と床を構造要素として箱型の空間を構成し、必要最低限の開口を設けて居住空間を作り出すもので、設計規準を設けて全国的に建設されました。当時の規準では四階建までの規定になっていたのですが、昭和三九年の新潟地震において、川岸町の砂質地盤に建っていた壁式の川岸町県営住宅が、地盤の液状化によって転倒したにも関わらず、躯体にはまったく亀裂がなく無傷だったことを受けて、その後四階建の規準の内容を変更することなく、五階建までの設計が可能になりました。さらに、壁構面の実大実験などの検討を加え、「住宅公団」では「八階建て壁式構造設計規準」を、建築基準法第三八条の大臣認定を経て作成し、設計範囲を拡大しました。しかし、それ以後、さらに高層化の要求に対応するため、「壁式ラーメン構造」の設計指針が制定され、壁式八階建は余り普及しませんでした。私が在籍した坪井善勝研究室は、初期の壁式構造の開発から八階建の規準作りまで一貫して技術開発に取り組みました。

コンクリートを面的に使う例として「コンクリートシェル」があります。

その後、神慈秀明会会長の小山弘子氏の意向で、米国の建築家・I・M・ペイ氏に設計を依頼された「MIHO美学院」の構造実施設計を担当をさせていただくことになりました。そして、その計画の一部にコンクリートシェルの計画が含まれていたのです。恐らく、この設計が私にとって、最初で最後のシェル構造への挑戦になったと思います。

コンクリートは非常に魅力的な素材ですが、非常に厄介な素材です。設計に際して、施工の状況を十分想像して計画を立てなければなりません。そしてその美しさは、型枠の精度と打設時の充填と養生にかかっていることを忘れてはなりません。設計の目指す性能を確保するためには、施工者との協働がいかに大切かを理解して、対応したいものです。

05–2

内部空間も変化のある空間構成の住居

東雲キャナルコート
CODAN 2 街区

設計：伊東豊雄建築設計事務所
　　　都市基盤整備公団
　　　東京支社設計部
構造基本設計：中田捷夫研究室
構造：都市基盤整備公団
　　　東京支社設計部

東京都江東区の工場跡地に計画されたこの施設は、「日本住宅公団」から「都市再生機構」に組織変革をした最初の大型プロジェクトで、約二、〇〇〇戸の住宅が六棟に分散して建設されました。六人の建築家グループが選任され、それぞれが新しい住まい方の設計に取り組みました。私は伊東豊雄建築設計事務所のサポート役を依頼され、チームに参画しました。

伊東事務所案は、他の五棟が従来の戸境壁で区画された連層のラーメン骨組みで設計されたのに対して、独創的な三mの正方形グリッドの平面と立面を持つ、中廊下型の集合住宅を提案されました。桁行は純ラーメン形式、梁間は中廊下型の三スパン壁付きフレームでの計画でした。住居内の階高を確保するため、梁を扁平梁とし、柱も梁と同厚の扁平柱とし、薄肉ラーメン構造で計画されました。部分的には、梁や柱部材を取り除いたり、床を除いて吹抜を設けたりして、内部空間も変化がある、これまでにない空間構成の住居の提案でした。伊東事務所にとって最初の公営住宅の設計とお聞きしましたが、現在でも大変人気の高い集合住宅です。

構造の役目は、いわゆる「フィージビリティ設計」ということで、プロジェクトの現実性を、構造設計の立場から検討し、工事費が実現可能な予算に収まっていることの確認で、実施設計は受注した建設会社が担当しました。

梁や柱を扁平な断面とすることについては、幾つかの問題があります。

一つは、断面を扁平にしたことによる剛性の低下です。それにより曲げ応力に対する補強筋の量が増加します。更に、剛性を確保するため、柱や梁の幅を増やす必要があり、その結果としてコンクリート量が増加することになります。より広い空間を確保できるかわりに、構造関連の資材量は増加します。

二つ目は、やや理屈っぽい話になりますが、梁と柱の交差部、いわゆるパネルゾーンの性能です。地震に際して、この部分には梁からの逆対称曲げモーメントが作用し、その曲げモーメントを柱に伝達しなければならないのですが、この交差部分のエリアが小さくなると、梁鉄筋の応力を柱に伝達しきれなくなり、付着破壊を起こしやすくなります。この「パネルゾーンでのボンド破壊」については、多くの研究成果が報告されています。

柱と梁の見付け幅は、五五㎝、五〇㎝と四五㎝の三種類です。スパンと階高は一律三・〇ｍでした。この格子組のファサードにやや大き目の開口を設けることになりました。この開口の配置について幾つかのスタディをしたのですが、私は斜めの配置を選択しました。縦並びや横並びでは、構面の均一性が壊れてしまいそうな気がしたからです。

しかし、今考えてみると、「合理性」とは何なのか、非常に曖昧な概念ではないかと思うようになりました。「材料の最少化」と言えばその内容は明確になるのですが、それが必ずしも「最適なコスト」かどうかは分かりません。「合理性」という基準は、「理に適っている」と言うだけで、それが必ずしも「最高」の物差しではないのではないかと思います。「力学的非合理」は忌避せねばなりませんが、多少の「不合理」は必ずしも許されないわけではないと思うのです。

結果的に、この建物の開口は、単調な外壁に快い変化を与えることになりました。建築家のさりげない選択が、空間に快い結果をもたらした設計になったと思っています。

東雲キャナルコート外観。部分的に構造部材を抜いて巨大構面に緊張感を生む

05–3

「線織面」と呼ばれる美しい内部空間の創出

MIHO 美学院

設計：I.M.Pei Architect
小笠原正豊建築設計事務所
構造：Leslie E. Robertson Associates,
青木繁研究室
中田捷夫研究室
力体工房
山辺構造設計事務所

宗教法人神慈秀明会は、会主小山美秀子氏の美術コレクションを展示する「ＭＩＨＯ美術館」を、アメリカの建築家・Ｉ・Ｍ・ペイ氏の設計で建設されたのに続いて、「ＭＩＨＯ美学院」という小中一貫校の建設計画に取り組まれました。設計は、「ＭＩＨＯ美術館」と同じペイ氏で、実施設計はアメリカ側から前原仁志氏、日本側から小笠原正豊氏が担当されました。お二人はともにアメリカと日本でそれぞれ独立されていますが、ともに元ペイ氏の所員として設計に関わっておられました。構造の基本設計は、米国の Leslie E. Robertson 氏で、ＭＩＨＯ美術館と同じチームが担当しました。私は、日本側の構造実施設計を担当することになったのですが、プロジェクトの規模が大きいため、「構造設計ＪＶ」の体制を組んで対応することにしました。

建設地は、ＭＩＨＯ美術館からほど近い信楽の山中で、学校としての施設と、チャペル、男女2棟の寄宿舎が計画されました。学校の施設としては教室棟、管理棟の他、図書館棟、食堂棟などが、緩やかな丘陵地にゆったりと配置されています。

私は、全体のまとめと、チャペル棟の設計を担当しました。

施設は、基本的にはＲＣ造で計画されていたのですが、食堂棟は集会場や体育館にも使われる大きな空間が必要なため、鉄骨鉄筋コンクリート構造（岡部喜裕氏担当）となりました。

設計に際しての課題の一つに、敷地の造成計画があります。起伏の多い敷地に平面的に広がる施設には、多くの土留め壁が必要になります。更に、敷地から外へ土を排出することが難しいため、掘削土は敷地内で処理することが必要になります。建物に直接土圧が作用することを避けるため、高いところでは一〇ｍもの高さの擁壁が必要になりました。

土留め壁の設計には、施工を担当した清水建設㈱土木設計部の協力を得ました。教祖殿の設計の際に、関西特有の風化花崗岩（マサ土）を扱った経験があり、この敷地も同じ地盤でできていたので、その時の情報が大変役に立ちました。普段、私たちが設計する建物は、平野部や海岸部など軟弱な地盤が多く、「風化花崗岩」に関する情報は極めて少ないのです。

建設地はかなりの起伏のある丘陵地ですが、ペイ氏が現地を視察されて、この土地を大変気に入られたと聞かされました。建物は傾斜地に沿って次第に高い位置に計画され、どこからも見やすい配置になっています。それに合わせて建物の配置を決めると、ある部分は地中に埋もれたり、片側に偏土圧を受けたりする建物がでてきます。このような事例は、教祖殿でもＭＩＨＯ美術館でも発生し、色々な構法が採用されていました。

この対応は大きく分けると、次の三つに分けることができます。

①土の圧力を直接建物で受ける。建物の重量で土の滑り出しを抑える。

②岩の表面を補強して、地盤を自立させ、建物に土圧が作用しないようにする。

③建物から離して擁壁を設けて、建物と地盤を分離する。

などです。構法の選択は、建物と土や岩との距離で決まることが多いのですが、十分な空間があるなら、③の方法が最も確実な方法であることは言うまでもありません。①の構法では、建物の壁に亀裂が発生するケースや、②の場合も背面土（岩）へのタイバックアンカーが緩んで本体に亀裂

MIHO 美学院チャペルの全景。線織面の採用により施工の単純化を図る（撮影：大野繁）

が発生し、地下水の漏出や白華の原因になる例も報告されています。最も確実な方法は、やはり独立擁壁を設けることで、ＭＩＨＯ美学院の計画では基本的に建物から切り離した擁壁を設けることにしました。

一般に、土留め擁壁が常に合理的で経済性が高いわけではありませんが、ＭＩＨＯ美学院の敷地は十分に広く、擁壁を設置するのに十分な敷地が確保できました。必要な擁壁の高さは一〇ｍにもなり、土圧による転倒に対して、高さと同じくらいの基礎の幅が必要になります。しかし、この擁壁により建物は偏土圧から解放され、意匠の意図する空間の確保が可能になりました。

この手法を採用したのには、理由があります。

平面計画は、ニューヨークのペイ事務所で作成されたのですが、構造と設備の実施設計は日本の事務所で設計することになりました。特に、構造計画の立案には建設地固有の法規制や地盤の情報が必要で、米国での設計は難しかったのです。そのため、米国での意匠設計は基本設計時には構造と設備に使えるスペースをあらかじめ設定し、構造・設備エリアとして確保しておきます。構造の躯体が与えられたスペースに収まっている限り、意匠と構造の打合せがなくても、それぞれが設計を進めることができます。建物の片側が土圧を受けると、通常、部材の大きさや控え壁などの配置で平面計画上の制約を受けますが、土圧から解放されることにより自由な空間設計ができるのです。

ＭＩＨＯ美学院の中心的な建築はチャペルでした。ペイ氏は「幾何学の魔術師」との異名を持つ建築家で、パリ・ルーブル美術館のガラスのピラミッドで知られています。ＭＩＨＯ美学院のチャペルは、扇型平面の内側の一点を引き寄せて持ち上げた、疑似円錐台とでも言うべき曲面で、曲面が直線の集合として形成される「線織面」と呼ばれる美しい内部空間を創出しています。基本構想の作成には、アメリカをはじめ世界中に多くの高層タワーの実績を持つ構造家 Leslie E. Robertson 氏も参画されました。

最初の案は、一枚の扇型の鋼板を曲げて作り出すシームレスの薄板構造で計画されていましたが、断熱と音響効果の視点から断念されました。日本での最初のミーティングでは、シングルレイヤー〈単層〉の鉄骨スペーストラス案が披露されました。単層のトラス架構で、節点での曲げ応力の伝達は極めて難しく、かつ、同一形状のものが少ないため、製作上の現実性が乏しいと感じました。私の見解は、あくまでも連続体として「面構造」で設計するのが常套手段であり、鉄筋コンクリートシェルが最も適していると考えました。その主旨を、ペイ氏と Robertson 氏の両氏ともご理解いただき、最終的に鉄筋コンクリートシェルでの設計が決まりました。

円錐台に切り口を入れた形状のため、前面の開口部近傍では円周方向のリング効果が期待できず、ほぼ曲げ応力状態で、背面の円錐台部分に辛うじて膜応力が成立するだけでした。それでも、殻厚と高さの比がほぼ一／五〇程度に収まり、辛うじて「シェル」としての面目を保てたと思っています。

坪井研究室時代の私の研究テーマは「扁平殻の解析解」の研究でしたが、研究生活を離れてほぼ五〇年目に経験した初めてのシェルの設計でした。意匠設計の前原仁志氏、施工を担当した清水建設の理解と支援があって初めて実現したプロジェクトです。

MIHO 美学院チャペルの内観（祭壇から入口を見る）（撮影：大野繁）

05–4

中空スラブ構法による事務所建築

KKベストセラーズ本社ビル

設計：山本良介アトリエ
構造：中田捷夫研究室

ＫＫベストセラーズは、鰐の本で有名な出版社の本社ビルで、都心のＪＲ大塚駅から徒歩約五分の市街地に建設されました。前面道路には桜の並木が続いていて、春先には薄桃色の桜の花が咲き乱れる都心の一等地に建設されたのです。

建築家・山本良介氏は数少ない数寄屋建築の設計者で、京都を本拠地に独自のスタイルで現代版の和風建築を設計されてきました。この建物は、都心のオフィス建築と言うことで、鉄筋コンクリート構造の五階建で計画されました。敷地の形状からして、広いフロンテージの割に奥行きがないため、道路に面した壁面を解放し、背面が壁面で閉鎖される偏った構造躯体となっています。

梁間方向は二スパンの扁平柱のラーメン構造で、一、二階の道路側の前面一スパンと三階から五階の一部も吹抜になっていて、全面ガラスの透明感のある空間になっています。これによって、この空間は、桜の季節に最高の雰囲気になり、最大限自然となじむように配慮されていました。

柱は、コンクリートの打放しですが、コンクリートの冷たさから解放するため、型枠には突き板型枠を採用し、木目の美しい柔らかな表情のＲＣ造となっていました。施工を担当した戸田建設が、最高の型枠大工を集めて施工したので、当時の事務所建築の傑作と評判になりました。

しかし、竣工後一九年を経た令和元年の春、この建物は所有者が手狭になって移転したため取り壊しになってしまいました。この地域は駅に近接しているにもかかわらず、比較的開発が遅くて、多くの個人住宅が密集していたこともあって、デベロッパーによる賃貸住宅への建替えのターゲットになっていたのです。わが国の優れた建設技術は、半世紀以上の使用にも十分に耐える性能があるにもかかわらず、商業主義の理屈のみでまだまだ建築としての機能を維持できるにもかかわらず、壊されてしまうのは大変残念なことです。

急激な速度で時代が移り変わることのために、建築の利用法が変わるのはやむを得ないことですが、経済的な理由優先で安易に建て替えられる傾向が強くなってきたように思います。近年建築された建物は、一般に数十年の使用に耐えられる性能を備えています。しかし、社会の変化が急速になった現代、建築に要求される用途も変化していきます。このギャップを如何に埋めて行くかが、建築に関わる私たちの課題ではないかと思います。現在、わが国の建設はマンション建築に集中しているようですが、人口の急激な増加が見込めない現在、過剰な集合住宅の建設は近い将来多くの空き家を生むことにもなりかねないと危惧しています。集合住宅は居住性の要求もあって、多くの戸境壁を設けることになり、融通の利かない躯体構造になりがちです。用途の変更も見据えた、自由度の高い住宅建築の在り方を学ぶ時期に来たように思います。

床には、「中空スラブ」を採用しました。書籍の編集という特殊な業務のため床の積載荷重が大きく、かつ自由度の高い構造を実現するため、この構法は有効でした。一方向の鋼管ボイドは一方向板を形成するため、床荷重を短辺方向（桁行方向）梁まで伝えるため、長辺方向の梁せいを小さくすることができ、階高を大きくすることが可能になります。

中空スラブ構法は、五〇年以上の実績のある構法で、当時、松井源吾早稲田大学教授が提案された大型スラブの構法です。金属製のボイド管の配列により、応力の伝達パターンを自由自在に操る

K.K.ベストセラーズ本社ビルの外観。薄肉ラーメンとボイドスラブによるシャープな外観

ことによって、多くの名建築を残されました。

この構法の発想を踏襲して、日本住宅公団の設計では中空鋼管に変えて、スチロール樹脂ブロックを採用して、軽量化とコストの低下を図った中空スラブの設計が採用され、現在も活用されています。設計の手法がもっと一般化して、多くの設計者が理解できるようになれば、この構法の可能性はまだまだ広がるのではないかと期待しています。

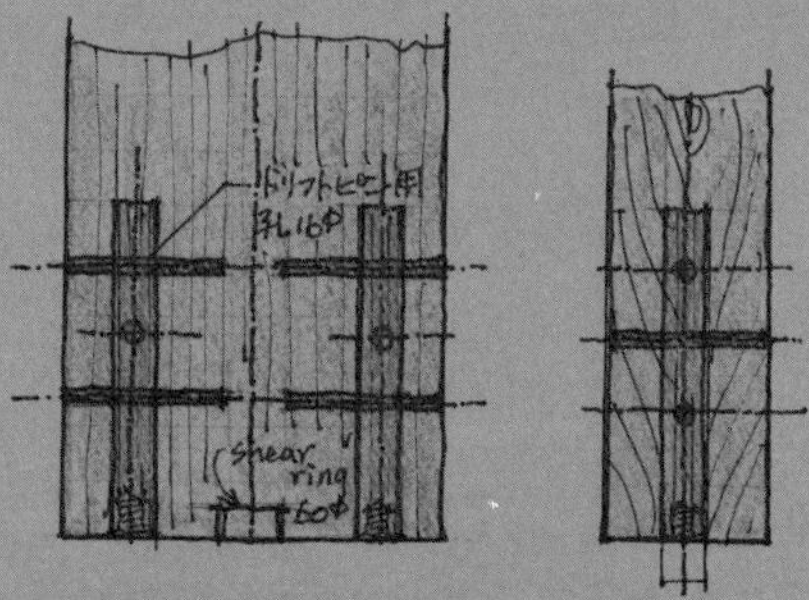

柱脚の形状

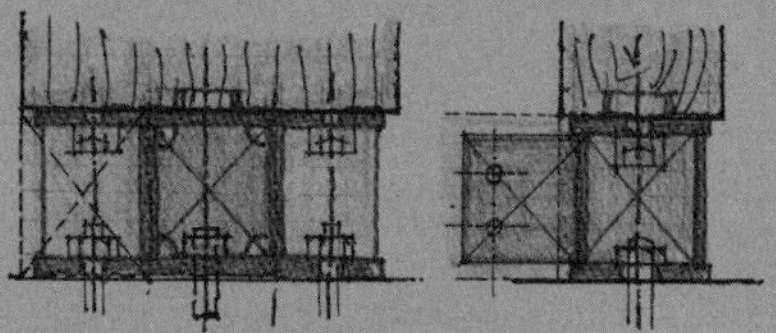

柱脚金物の形状

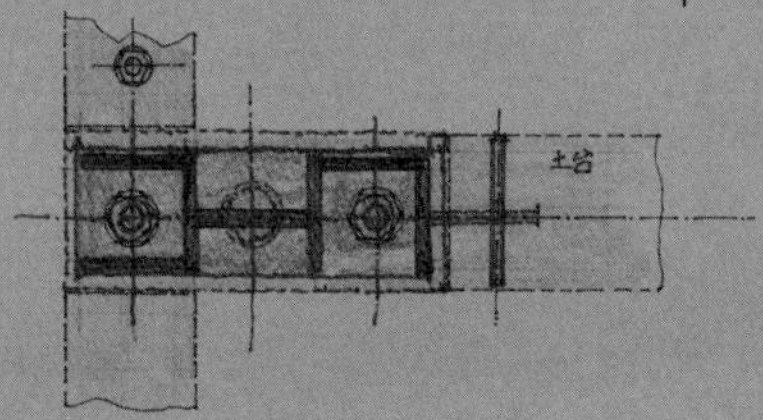

06

膜構造の語りごと

06–1 膜構造について

曲げ剛性を持たない面材の面に垂直に荷重を加えると、部材は変形し、面内方向に力が発生します。線材では軸力、膜などの面材では面内力であり、その材軸に平行方向の力が発生して、荷重を伝達します。面外剛性を持たない直線材や膜などの面材では、そのままでは面外方向の荷重を支持することができませんが、変形によって曲率が発生して、面外荷重を支持することができます。

膜構造が性能を発揮するために、膜材が破断しないことを前提にすれば、構造として大切なのは線材や膜材の端部の固定条件です。引張材を止める構造は〝境界構造〟とも呼ばれ、膜材と一体となって構造を構成します。

張力部材にあらかじめ引張力を発生させるには、

①引張材に元応力を与える。
②引張材に強制変形を与える。

方法があります。

①の方法は、あらかじめ面材に内圧などを与えて、膜材に張力を発生させる方法で、空間に内圧を与え、膜に張力を発生させる方法で、よく知られるところでは「東京ドーム」があります。膜内

EXPO'70 大阪万国博覧会お祭り広場。大屋根架構の全景
トラスのユニット毎に 10 m×10 m の二重膜の空気膜を架設

応力が大きくなる時は、ケーブルなどで補強することもあります。次に紹介する、大阪万国博覧会お祭り広場の大屋根で採用された二重膜による〝座布団〟状の屋根では、二枚の膜の間に空気を吹き込んで加圧し、膜材に初期張力を与える方式が採用されました。その他、同じ大阪万博の富士グループパビリオンで採用された〝エアーチューブ方式〟(川口衞)もこのシステムの展開形と言えると思います。

②の方法は、主にケーブルによる吊り屋根構造に見られる方式で、通常、吊りケーブルと押えケーブルで構成され、吊りケーブルに張力を発生させるために、押えケーブルに張力を導入し初期変形を与える方式です。代々木の国立屋内水泳場(丹下健三、坪井善勝)が代表的な例ですが、この建物では吊り材に一部曲げ剛性を持たせて形状をコントロールする手法が採用され、「半剛性吊屋根構造」としてデザインの趣旨に合わせるための高度な工夫が採用されていました。

張力構造で特記すべきことは、設計に際しての応力解析です。私たちが通常設計する建物は、〝微小変形理論〟と呼ばれる応力解析の理論で組み立てられています。これは、梁などの部材の長さに対する変形量が非常に小さく、外力が作用しても形状がほとんど変わらないので、荷重が作用したときの力の釣合いを、荷重が作用する前の形状のままで計算しようとする方法です。ところが、変形が大きくなると、荷重が作用する前と後で形状そのものが変化するので、変形した後の状態で力の釣合いを計算する必要が生じます。この状態の解析理論を〝有限変形理論〟と呼んでいます。

この理論による解析は大変厄介で、多くの研究者の研究対象となっていました。理屈は分かっているものの、実際の構造の計算法は確立されていなくて、結果的には、有限要素法（Finite Element Method）と呼ばれる数値計算が実用的な解析法となっています。

空気膜構造は、軽量で大きな空間を覆うことができるので、スポーツアリーナの構造として活用されることが多く、膜材にテフロン膜を用いることで耐久性にも優れた性能を維持することができるようになりました。しかし、内圧型の一幕形式の空気膜構造では、常に空気を送り続けねばならないため、維持費がかかることや、積雪による〝ポンディング〟と呼ばれる事故などがあり、最近ではあまり採用されていないようです。

06–2

EXPO'70 お祭り広場大屋根空気膜構造

EXPO'70
お祭り広場大屋根

設計：丹下健三研究室
（神谷宏治）
構造：坪井善勝研究室
川口衞構造設計事務所

一九七〇年の春、EXPO'70は大阪の千里丘陵の会場で華々しく開催されました。坪井善勝教授が東京大学を退官され、文京区にある椿山荘のすぐ隣に坪井善勝研究室という設計事務所を開設された最初のプロジェクトでした。当時、私は修士を終えた直後で、設計はまったく経験がなく、大変不安な思いでチームの一員に加えられたのですが、とても〝設計〟などという行為には程遠い存在でした。大屋根架構の設計チームは、川口衞（法政大学）＋名須川良平（足利工業大学）（両名とも故人）のtwo topが主導し、私は川口チームの〝屋根担当〟になりました。理由は、川口先生曰く「誰も経験したことがないので、誰がやっても同じ」ということで、変に納得して取り組んだものです。

「屋根」というのは、大屋根の巨大トラス架構の上に架ける小屋根のことで、建築家・丹下健三氏の設計条件は、

①軽量であること（屋根の重量が一t増えると、トラスの鋼材が一t増えるという試算があった）。
②お祭り広場から、空の雲が見えること。
③日中でも、広場は木陰に居るほど涼しいこと。

の三点でした。

この条件を満たす屋根の素材を探して、いろいろな素材の検討が行われました。ガラスの屋根は重量が大きく、ＦＲＰのハニカムボードは透明性が十分でないことや紫外線劣化による強度低下のため、不採用となりました。川口先生が見つけた素材は、飽和ポリエステルフィルム〝ルミラー〟（東洋レーヨン）という商品でした。

この素材は、機械的な性質が非常に安定していて、応力―ひずみ関係の直線性が優れていることでした。非線形性を持つ素材による膜構造の解析は当時の解析手法では難しく、設計の信頼性の確保が難しかったのです。飽和ポリエステルフィルムは、強度、ヤング係数ともに非常に高く、とても希望の持てる素材でした。当時、楽器のドラム、写真のフィルム、磁気テープなどに利用されていました。特に重要だったのは、二軸延伸による製法で強度に方向性がないことでした。一般的に樹脂フィルムは、巻き取るときに一方向に延伸する「一軸延伸」のため、延伸と直角方向の強度が低く、裂けやすい性質があるのです。

唯一の難点は、紫外線劣化でした。これに対して、海外では既に紫外線吸収材を混入することによって劣化を防ぐ製品も現れていましたが、特許と輸入という調達法上の理由で採用は困難でした。その頃、フィルムの生産業者である「東レ」のフィルム研究所で、ある新しいフィルムの特性が発見されました。それは、太陽光の中の紫外線成分が劣化の原因になるのですが、フィルムを劣化させる波長はある特定の限られた波長であり、かつ、劣化する部分は表面の極く浅い部分にとどまることが判明したのです。

この特性は、フィルムを屋根に使うことの問題を一挙に解決しました。劣化の可能性のある最外層に一枚捨て貼りの「劣化対策用の膜」を配置し、これを非構造膜とする設計です。これによって軽量化、透過性、耐久性の三条件をクリヤする「飽和ポリエステルフィルム」による一〇×一〇ｍの二重膜の空気膜構造の採用が実現したのです。

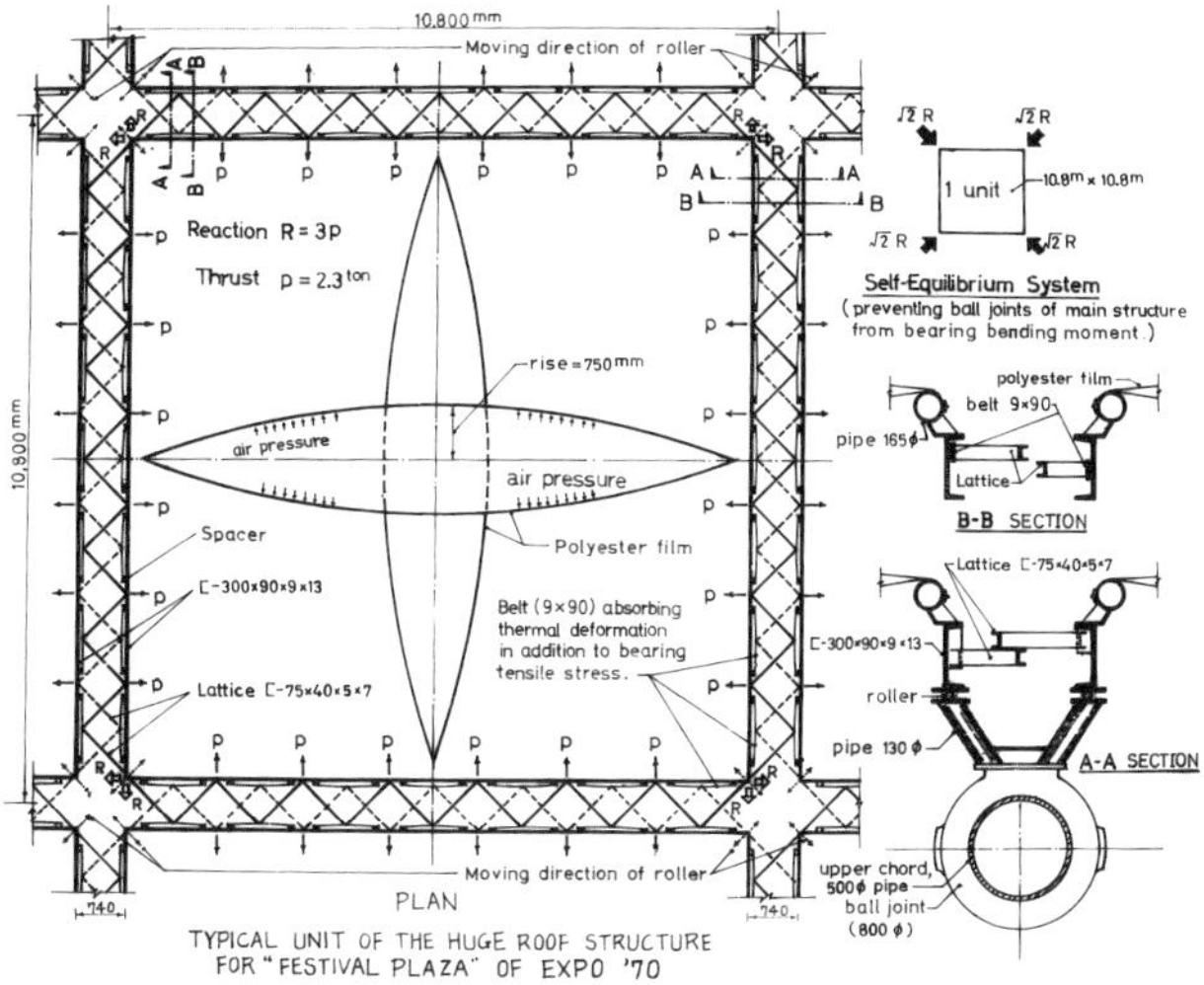

空気膜のスラストを受ける架構システム：可変の梁幅システムで屋根の熱変形に対応

ただ、この「飽和ポリエステルフィルム」は透明度や強度、耐久性と申し分ない素材なのですが、残念なことに膜同士の接着法がありませんでした。通常、樹脂フィルムの接着には、熱や高周波による溶着が一般的ですが、この素材は溶着が効かなく、通常、むしろ離型材として使われることが多かったのです。

大屋根の空気膜は、一般の部分は一辺が一〇mの正方形で、太陽の塔の穴まわりには変形ユニットが配置されました。膜厚は上下膜とも、屋根の型に合わせて交互に格子状に重ね、フィルムの淵を感圧性の接着テープで圧着しました。こうしてできた二枚の膜を四周の鉄骨枠に巻き込んで固定し、二枚の間に空気を加圧充填しました。試作の一号モデルは滋賀県の東レ工場内で製作し、加圧、砂袋による載荷をして性能の確認を行いました。

その頃、現場では大屋根トラスのジャッキアップが完了し、空気膜のスラスト（膜張力の水平成分）を受けるエッジビームが取り付けられていました。基本型は一〇m四方の枠フレームで、二重

EXPO'70の空気膜屋根の取付け。膜の形状を維持できる程度に与圧したユニットを吊り上げ、エッジビームに固定する

膜に加圧した際の形状を安定させる役割を持っています。ユニットが隣り合う場合は、この梁を介してスラストをお互いに伝え合い、枠に曲げ応力は発生しないのですが、隣り合うユニットがないときは、大きな水平曲げモーメントが発生します。この枠梁には、トラス梁の梁幅が可変であるにも関わらず、曲げ性能が変わらない、特殊なトラス梁を考案しました。その必要性は、「温度応力」です。

太陽の直射による広場の環境を「木陰と同等」にするためには、アルミを真空蒸着した「熱線反射フィルム」を最外層に配置しました。これにより太陽光の赤外線を六〇%程カットするので、大屋根の鉄骨トラスはほぼ木陰状態になり、極端な温度変化から解放されたのですが、一方、ルミラー屋根の枠フレームは直接日射に晒され、夏と冬の温度差は八〇℃近くにもなり、これによる温度変化に設計的な対応が必要になりました。躯体の長辺が二九一・六mにも及ぶ鉄骨の温度変化による伸縮は、到底ディテール的な対応では不可能です。対策として、一桝毎に伸縮が可変で、それぞれの単位毎で完結するとしたら、設計的に必要なことは、隣り合う桝と桝との間を、伸縮可能な梁で結ぶことです。鉄骨の製作がやや複雑にはなりましたが、この要求を満たす「エクスパンダブルビーム」と名付けた特殊なディテールの梁を考案して、温度応力の対応をしました。

膜応力の解析法についてですが、当時、電子計算機は今のように普及していなくて、せいぜい数十元の連立方程式が解ける程度でした。大きな計算機は一秒数円の使用料がかかり、自由に使用できる環境にはありませんでした。幸い、このフィルム屋根では、幅方向の接着ができず二方向の応力が伝達できないため、一方向のフィルムを交互に直交方向に重ねた〝格子梁〟的な構造になることを考慮して、二方向吊り屋根の理論を活用することにしました。

当時、坪井研究室では、大山宏先生（元千葉大学助教授）が二方向吊り屋根の大変形理論による解析の研究をされていて、応力と変形に関する基礎方程式が提示されていました。この基礎方程式は、釣合方程式と適合条件式が微・積分方程式の形でまとめられていて、これを差分・和分の形で表現すると、連立一次方程式の形で解析が可能になります。この理論を活用して、粗いながらも膜応力の解析を行い、設計の資料としました。

大屋根は、博覧会終了後もしばらく保存され、七年程経ってジャッキダウン、解体されました。解体後に行った切り取った屋根フィルムの劣化試験では、若干の紫外線による劣化が認められたものの、機械的な性質のほとんどに劣化は認められませんでした。

EXPO'70は空気膜建築の祭典と呼べるほど、考えられるほぼすべてのタイプの空気膜構造が建設されました。しかし、そのすべてが〝加圧型〟の空気膜構造で、テント型の〝張力膜構造〟が現れたのはやや後になってからです。

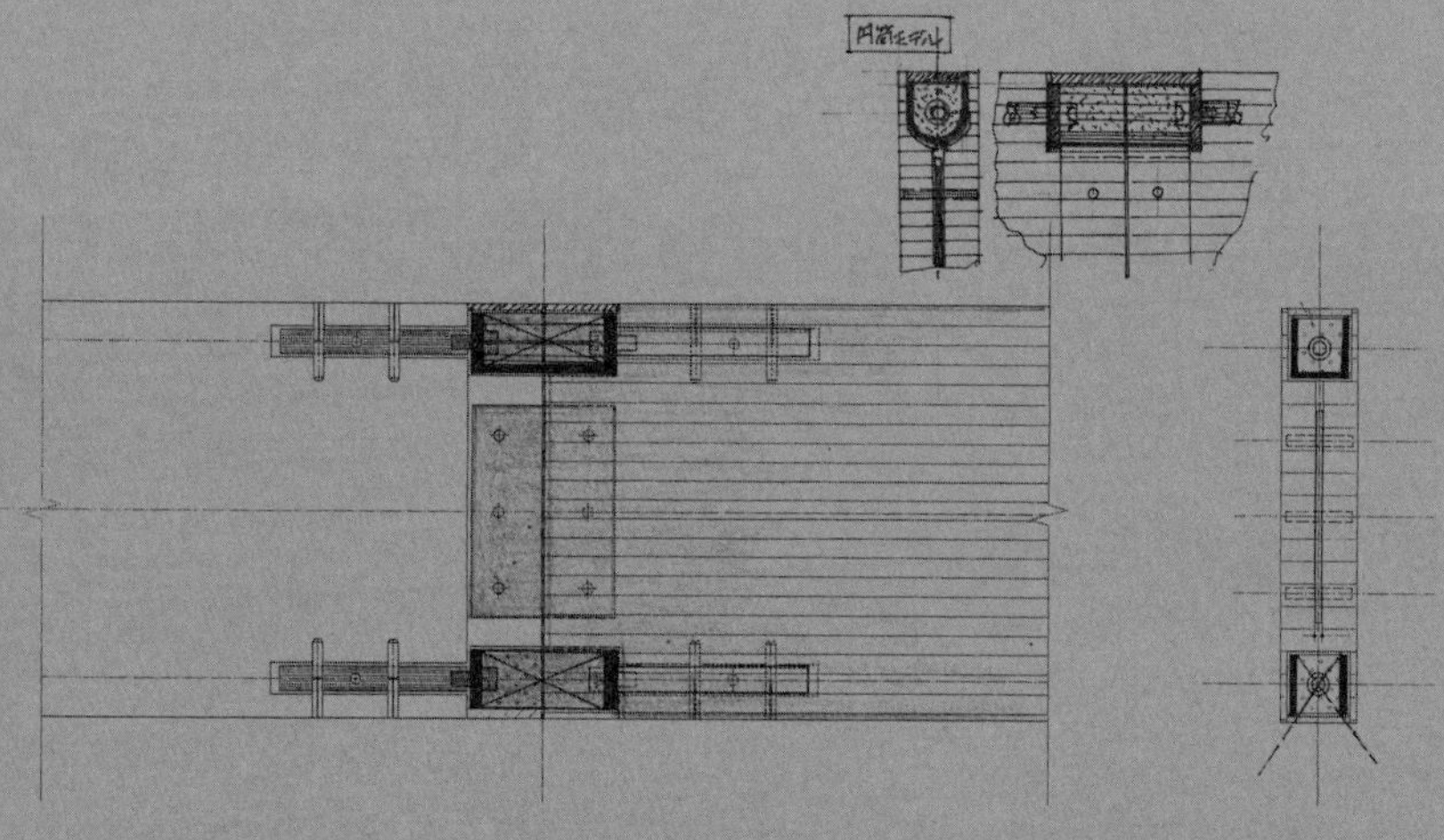

07

混構造の語りごと

07-1 複合的な素材の使い方が特徴の建築

おおよそ建物を作るとき、ほとんどすべての建物は複数の異なる素材で構築されていて、純粋に一つの素材で作られる建物は一つもありません。建物のどこかに、鉄やコンクリートが使われているし、仕上げも含めるとすべてが「混構造」ですが、ここでは素材の使われ方が特徴的で、主な役割を果たしている素材に焦点を当ててみたに過ぎず、取り上げ方について特に大きな意味はありません。

建築の構造に使われる材料は、原則としてＪＩＳ（日本工業規格）やＪＡＳ（日本農林規格）の規格品でなくてはなりません。これは、その材料の機械的な性状を明らかにして、構造計算によって性能を明らかにしなければならないからです。ＪＩＳやＪＡＳは材料の品質を定めたもので、設計に用いる許容応力度やヤング係数などは、建築基準法や告示などでその数値が定められています。これに該当しない材料を使うときは、建築基準法第三八条に基づく国土交通大臣の認可を得て採用することになります。

私たちが、最もよく使う建築の材料の一つに「セメント」があります。セメントは主原料の石灰石に硅石などを混ぜて、高温で焼成し、粉末にした後、石こう粉末と混ぜ合わせた粉末で、水を加えると水和反応を起こして固結します。セメントを単独で建築の素材として使うことは通常ありませんが、ひび割れに注入する補修用グラウト材として使うなど、補助材として活用することはあります。通常は、砂を骨材とするモルタル、更に砂利を加えたコンクリートとして使われています。

コンクリートは型枠に流し込んで固結化させ、製作するので、出来上がった躯体は論理的には継目のない「一体式」の構造躯体を形成します。ただ、一度に打設できる量には限界があり、どこかに〝打継ぎ〟が発生します。構造計算上は一体として計算しますが、完全な〝一体〟ではありません。ただ、鉄筋コンクリートの理論ではコンクリートの引張強度をゼロとして計算しているので、計算上の矛盾は発生していません。

鉄筋コンクリート構造の理論構成の一つの仮定にコンクリートの「引張強度の無視」があります。コンクリートは脆性材料と呼ばれ、いわゆる「粘りのない素材」で、強度的にも圧縮強度の一／三〇程度の引張強度しかないので、理論構成上ゼロとした方が好都合なのです。その代わり、引張域には鉄筋を配置して、曲げ応力に対する引張性能に対応しています。

コンクリートの強度は、骨材とセメントの強度に依存するのですが、セメント強度はセメントの粉末度に依存すると言われています。焼成した〝クリンカー〟を如何に細かく挽くかで、強度が決まると言われています。今では、一㎠当たり一、〇〇〇キロもの高強度のコンクリートが使えるようになり、高層ＲＣ建築の設計が可能になりました。

ＲＣ部材の曲げ性能を確保するため、引張側に鉄筋を配した複合部材が鉄筋コンクリート構造ですが、その性能を発揮するための最も大切なことは鉄とコンクリートの一体性確保で、鉄筋の表面に凹凸をつけた異形鉄筋が活用されています。打継ぎ部分などで、鉄筋の表面にレイタンスと呼ばれるコンクリートの不純物が付着すると、コンクリートとの一体性が損なわれるので、現場ではレイタンス除去に最大の注意を払うことが大切です。

コンクリートの調合の際に、セメントを固結させるために水を加えますが、固結に必要な水だけでは固くて型枠に流し込むことが難しいので、コンクリートの流動性を高めるため、水和反応に必要な水より多い水を混ぜます。この結果、コンクリートが固結した後に、余った水分が残ることがあります。この余剰水は少しずつ乾燥して抜けてゆくのですが、この際にコンクリートの体積が縮小します。部材が自由に伸縮できる場合はよいのですが、両端で変形が拘束されているような部材などでは、硬化時のコンクリートの収縮によって、ひび割れが発生することがあります。鉄筋コンクリート内の鉄筋はコンクリートのアルカリ性によって錆から保護されているのですが、ひび割れによってコンクリート表面から内部に空気が入り込み、アルカリ性の環境が失われ中性化すると、鉄筋に錆が生じることがあります。鉄筋の表面まで中性化が進むと、コンクリートとの一体性が失われて、鉄筋コンクリートとしての性能が失われることになる場合があるのです。

このことから、鉄筋コンクリートの部材では、梁下端などの引張応力場だけでなく、無応力の部材においても、ひび割れが発生することがあります。鉄筋コンクリートの外壁などで引張応力が発生していないのに、梁や柱で周囲の変形が拘束されていると、「収縮ひび割れ」が発生し、打放し仕上げなどでは漏水の可能性が高まります。

ひび割れの主な原因は、コンクリートの硬化時の余剰水が原因であるとしたら、コンクリートを練る際の水を少なくすればひび割れは改善できるのですが、水を少なくして流動性が低下すると充填性が悪くなります。水を使わないでコンクリートの流動性を高めるために、種々の混和剤が用意されていて、これを混ぜてひび割れの少ないコンクリートが活用されています。しかし、これにも限界があるので、誘発目地などを設けて、ひび割れに対応することが肝心です。もちろん、目地にはひび割れが生じるので、コーキングなどの止水処理が必要であることは言うまでもありません。

鉄筋コンクリート構造は、ある意味で最も一般的な材料の使われ方の混構造なのですが、これは言わば「複合部材」とでもいうべき素材の使われ方なので除外し、ここでは少し違った意味で、言わば「構造素材いろいろ」とでもいうべき素材の自由な使われ方に焦点を当てて建物を集めてみました。

建物の設計での最初に取り組まねばならない「課題」は、「何で造るか？」です。いろいろな素材を自由に使おうとするとき、最初に直面するのが「混構造」と呼ばれる問題です。

混構造と呼んでいるものは、大きく分けると「部材の混構造」と「骨組みの混構造」に分けて考えることができそうです。前者については、実験的な手法を活用して、その特性を明らかにすることで対応できるのですが、後者については面倒なことが多いのです。

わが国の構造設計は、「力」を指標にした「許容応力度」設計として発展してきました。

地震による揺れも慣性力として力に置き換え、部材に発生する応力をある限度内に収まるように計画することによって安全性が確保できると考えてきました。計算ツールが今のように発達していない時代においては、力とひずみ（変形）が比例関係にあると仮定することで、部材の各部に生じる応力を計算し、安全の確認ができると考えてきたのです。

しかし、複数の素材で構成される骨組みでは、仮に一つの部材が弾性限界に達していても、破断しないで塑性化するだけ、力は負担できなくて変形が増えるだけだとしたら、骨組み全体の耐力はまだ余裕があるので、骨組みとしてはまだまだ余裕が残されていることになります。このことは、破壊は力ではなく「変形」で起きることを意味しています。現在では、変形特性を考慮した「弾塑性設計」による計算も可能になりました。

しかし、残念なことにこの手法は「同一種別」の構造に対しては適用できるのですが、「木とコンクリート」や「木と鉄」などといった異種の素材に対しての適用は実用化されていません。木造という構造では、部材数が他の構造に比べて格段に多いうえ、接合部の特性を数値化することが難し

檮原ブリッジの支柱近傍の桁梁と斗拱の構成。道路の中央の支柱は、橋桁の中央で鉛直荷重のみを負担する

いからです。現在、多くの小規模の木質構造は「壁倍率」と呼ばれる簡易設計法で設計されることが多いのですが、この考え方は飽くまでも「床」という平面要素によって、同一の層変形が保障されていることを前提として成り立っているので、適用できる建物は限定されています。幸いなことに、近年、計算ツールの普及によってかなり詳細な骨組みの計算が可能になってきました。しかし、現在普及している大部分の金物は、引張力や曲げ応力に対する性能が定められていません。木質構造の接合部の設計が、定式化されることが急がれると思います。

07–2 ステンレスクラッド鋼板を大屋根に使う

桐蔭学園メモリアルアカデミウム

設計：栗生明＋栗生総合計画事務所
構造：中田捷夫研究室＋レン構造設計事務所

桐蔭学園メモリアルアカデミウムは、建築家・栗生明氏から協働の依頼を受けた最初のプロジェクトでした。同学園の創立三五周年記念に未来に繋げる記念碑的な建物の建設をする一つの提案として、「ステンレスクラッド鋼板」の採用を提言しました。建物にはいくつかの施設が分散配置されていて、それらを一枚の屋根で覆い、意匠的に一つの建築に纏めたいとの意図が伝えられました。屋根は三〇×八〇mの規模で、六か所の支承部で支持する計画で、支点間の距離は三〇m近くになります。屋根の一部が吹抜けてはいるものの、この大きな屋根を可能な限り「薄く」「軽快に」作りたいとの意図にどのように応えるかが構造設計者の課題となりました。

当時、私は建設省（現在の国土交通省）の総合研究開発プロジェクト「新材料・新素材」の委員会に日本建築構造技術者協会からの委員として参加していましたが、そこで出会ったのが「ステンレスクラッド鋼板」でした。この材料は主に、石油や化学物質を運ぶタンカーの船体に使われていたとのことでした。化学物質のコンテナをステンレスで作り、タンカーの船体を鋼板で作ると、それぞれが海水圧とコンテナの内圧に耐えるようにしなければならないのに対して、内側にステンレスをクラッディングした鋼板が使えれば、内外圧がバランスして、鋼材の使用量が軽減できることを目指していると説明されました。

建築でこのような使い方をすることは先ずありませんが、この素材は鋼材の防錆機能に対してとても有効ではないかと思われました。更に、ステンレスはもともと「鉄」であって、接触によっても電食が起きないことです。屋根を薄く設計するために、屋根の仕上げをなくし、〝露出した鋼板を、如何に腐食から守るか〟が課題となりました。塗料による防錆処理では、通常の屋根では鋼板の上側に防水層を設け、その上に屋根葺き材を設けます。ステンレス鋼材は数ある素材の中で、紫外線などによる劣化が懸念され、耐久性にも疑問が残ります。この素材なら、屋根を葺かずに、露出した鋼板の屋根を設計できると考えられます。最も腐食性、耐久性に優れた素材だと考えました。

建築家が意図された薄くて軽い屋根に対する一つの解として、二枚の鋼板を格子状のウェブ材で一体化した「鋼板スラブ」を提案しました。スラブの厚さは、コンクリートスラブではスパンの一／二〇程度とされていますが、鋼板であり、軽量であることなどを考慮してスパンの一／三〇、九〇㎝としました。しかしこの案は検討を進めてゆく中で、実現が難しいことが分かってきたのです。工場製作や現場への運搬、現場での架設・組立などの、施工的な問題です。

私たち設計者は、往々にして完成した構造物の耐震性などに集中するあまり、加工、運搬や架設についての検討を忘れてしまうことがあり、設計はできたが〝造れない〟構造物を設計してしまうことがあります。施工は施工者の仕事と考えて、設計者が作り方に対する検討を放棄してしまうことがあります。企画、設計、施工という過程で、多くの専門家が関わり合って行くのですが、常に、自分の一つ前のステップと一つ後のステップに配慮してゆくことがとても大切だと思います。

この建物の場合は溶接についてでした。工場では三・四×一四ｍを単位のピースとして製作したのですが、上下の鋼板の間に挿入するリブ板の溶接が難題でした。上下の鋼板の間には九〇㎝近い隙間があり、リブ板に六〇㎝程度の円孔を設ければ作業ができると想定していたのですが、これが難しかったのです。狭い空間での溶接作業に加え、溶接作業時の酸欠が危惧されました。最終的には、下側の鋼板を諦めて、上側の鋼板と格子状の逆T型リブ付きスラブとして大屋根を設計しました。これにより下面からの作業が可能になりました。後で考えると何でもないことなのですが、設計の過程では意外と気づかないことがあります。

作業中で最も大変だったのは、現場での屋根板の現場溶接です。最初に鋼板部を溶接した後、ステンレス部分の溶接をするのですが、溶接熱によりステンレスの表面に虹色の〝熱焼け〟が発生します。これを除去するのは薬品と人力による拭き取り作業なのですが、そのために要した作業の過酷さには本当に頭の下がる思いでした。鉄骨の加工は、松本の宮地鐵工所が担当され、「職人魂」を感じさせられた一瞬でした。

中央に開口を持つとはいえ、この大屋根を一枚の連続した平板で覆う計画では、日射による熱応力の処理が大きな課題となります。日射による温度差は八〇℃を超え、変形を拘束すると大きな内部応力が発生します。これに対する支承部の処理には、温度変形の不動点を設定し、その点から放射状に移動可能なスライドシューを設計しました。

07–3

植生パネルを支持する鉄筋の骨組み

愛知万博バイオラング

設計：栗生明＋
栗生総合計画事務所
／計画・環境建築
構造：中田捷夫研究室

バイオラングは、「バイオ」と言う「植生」を表す言葉と、「ラング」と言う「肺」を表す言葉を繋げた造成語で、言わば「植物肺」とでも言うべき言葉です。空気中の炭素を固定して酸素を放出する行為が、あたかも人間の肺呼吸に似ていることから命名されました。人間が生きて行く上で、植物の存在が如何に大切かと言う事実を、一つの行為として示そうとした博覧会の展示物です。博覧会のイベント広場である蓮池の対岸に、頂部に桜の木が植えられた高さ二五mの二連の中央のタワーを挟んで、左右に幅約六〇m、高さ一五mの植生パネルの壁面を創るこの計画は、博覧会のメインテーマを形で表現した最大の展示です。

中央タワーの前面には、蓮池の上にイベント用のステージが設けられ、二基のタワーから、跳ね出し長さが二五mにも及ぶテント屋根が計画されました。これらは何れも「工作物」としての位置付けでしたが、性能的には通常の建築以上の安全性の確保を目指しました。

博覧会の施設は「期限付きの建造物」であるため、短時間での建設と解体が不可欠な条件になります。調達に時間がかかる素材や、加工や現場での組立に時間がかかる構法は採用できないし、終了後の解体が可能な「乾式構法」の採用が必須の条件となります。更に、ここでは前面の蓮池の植生を保護するため、池の中に構造を設置することも禁じられました。このような与条件は、博覧会建築では常に付きまとう条件なので、それに対する対応も常に特殊解になり、通常、あまり恒久的な技術開発になることが少なく、一回限りの仮設の技術に終わることが多いのが特徴です。

この構造物の場合でも、タワー、ステージの屋根や蓮池上のステージなど、通常の設計と異なる条件下での設計になりましたが、結果的には特別な素材や工法によらず、通常の手法を活用して建設することができました。

しかし、植栽パネルのスクリーンだけは、通常の構造の発想では、趣旨に合う躯体計画ができませんでした。高さ一五ｍのスクリーンは、単独で自立させることが難しく、約五・〇ｍ離れた背面に、更にもう一面のスクリーンを配置し、両者を一体化することにより、躯体の安定を確保する設計になりました。

意匠的なポイントは、プランターパネルの支持構造の存在を可能な限り消すことで、最も細くて、かつ一般の市場で調達可能な素材として「鉄筋」が選ばれました。植栽パネル自体の重量はそれほど大きくはないのですが、給水によって重量が増えることや地震だけでなく、風による転倒にも対応させるためには、鉛直支持力だけでなく、水平力に対する性能も確保する必要があり、鉄筋をトラス状の梁に組んで骨組みを作り、対応しました。

鉄筋をトラス部材に組み立てる手法はあまり一般的ではないのですが、梁の補強法として既に流通している技術なので、特に問題はありませんでした。

しかし、長さが一五ｍにもなるトラス柱の中間に、どのように直交するトラス梁やブレースを取り付けるかが課題となりました。「ネジ鉄筋の任意の位置に、梁からの部材を、乾式工法で取り付ける方法」は、一般的には「不要な技術」であり、誰も考える必要がなかったのです。

採用した答えはシンプルでした。「割ナット」と呼んでいますが、ネジ鉄筋の接合に用いる「ネジ

愛知バイオラングの中央通路からの植栽パネル。会期終了後の再利用のため、植栽パネルは異形鉄筋による高さ 20 m の壁面で支持

テッコン打継ぎ用継手」を縦に二分割し、それらを丁番を用いて再びカプラージョイントを構成するのです。こうすることによって、ネジ鉄筋のどの位置にでもカプラージョイントを取り付けることができ、梁からの金物を固定することができます。これを標準的な金具として、ダクタイル鋳鉄で生産し、梁―柱の接合部に使用しました。

これは、「窮すれば通ず」と言われる言葉の通り、「必要が新しい工夫を生む」例ですが、需要に対するピンポイントの解決策のため、一般性がないことが難点です。しかし、この工夫があったからこそ、この計画が成立したのであって、初期の案のようにL形鋼で設計していれば、また異なった工夫が必要になったかも知れません。「今ある技術で何ができるか」という発想では新しい成果は生まれてきません。「目指す設計にどのような技術が必要か」から始めることが大切ではないでしょうか。

07–4

隈建築の神髄、美しい木橋に挑戦

檮原ブリッジ・木橋ミュージアム

設計：隈研吾建築都市設計事務所
構造：中田捷夫研究室

高知県と愛媛県の県境に位置する林業の町・梼原に建設された、建築家・隈研吾氏の数ある名建築のうちでも、際立って美しい外観を持つ作品のひとつです。私が関わった建築の中で、最も印象に残る存在になりました。この「建築」は、隈氏との最初の協働になる「雲の上のレストラン」の宿泊棟と、道路を隔てた温泉棟を結ぶ「渡り廊下」として計画された「工作物」だったのですが、「屋根と壁を持つ空間」は用途の如何に関わらず「建築物」として位置付けられ、「建築基準法」の適用対象とされました。

建築基準法では、もろもろの「仕様規定」や「性能規定」が設けられていて、それらへの適合が求められますが、それらはいわゆる〝建築〟としての概念、例えば階高や層間変形、偏心率など、「通常の建物」において定められている定義が、「橋梁」と言う構造物においてどのように解釈され、適用され、どのような数値を適正とするのかと言った設計法について悩まされました。

この法律の要求は、例えその規定が実体にそぐわなくても、規定される積載荷重を見込まねばならないし、地震時の支柱の変形角も法の規定を満たすことが要求され、これを満たすために意匠的な希望にそぐえない構造的な解決を余儀なくされるのです。

構造のシステムは、基本的には＠一五、〇〇〇㎜×三径間の二階建で、一階柱が鉄骨、二階床が大断面集成材（橋桁）、二階柱と屋根が小断面集成材軸組構造ということになりました。道路を跨ぐ最も長い柱は、斗拱型の木材を纏った鋼板の組立柱、他の三か所は、角型パイプによる櫓構造となっています。斗栱型の柱は鉛直力のみに対応し、上下ピンの柱として設計し、二階の梁は廊下の幅を持つスパン三〇ｍの水平梁として、地震や風の水平力に抵抗する設計になっています。視覚的には、この斗栱組は意匠上極めて大切な役割をしているのですが、実際には全体の一割程度の荷重しか負担していない結果になっています。しかし、これはあくまでも微小変形を想定しているための結果であって、木梁のクリープが進行した場合などには、十分荷重を負担する性能がある仕組みであり、それなりの役割はあります。

桁梁の接合には、多くＣＰ接合を用いています。梁せいが一ｍ程度の場合、ＣＰ接合でほぼ梁材の全性能を伝達できると思いますが、それ以上のサイズには残念ながら対応できる性能はありません。鋼板挿入型の接合法では、多くのボルトを並べることはできますが、この場合でもせん断力に対応はできても、軸方向に対する「元応力」が導入できないので、十分な接合部の剛性が確保できません。この規模の接合に対しては、ＢＶＤ接合が有力な武器になるのですが、残念ながら現在は流通していません。ただ、この種の金物の需要は極めて少ないので常に常備する必要はなく、注文生産でよいので、少なくとも設計マニュアルの整備と生産資料がストックされていればよいのです。その都度、大臣認定を取得せねばならないとしたら現実に使うのはとても難しいし、再度実験が要求されたら大きなブレーキになりかねません。ＣＰ接合は特許にもなっていないし、仕組みも複雑ではない上、設計情報も簡単に入手できます。もし、行政が積極的に金物の普及を志向するなら、木質材料の活用はもっと迅速に広がるに違いありません。

ブリッジは、最初は「工作物」として、法的に適合することを目指していたのですが、屋根と壁を持つ構造のため、一般の建築物に要求される構造特性を持つ「建築物」と認定されました。一五m×三径間のこの橋は傾斜地に立地していて、片方の橋桁内にはエレベータが計画されています。偏心率を規定値に収めるため、EVを鉄骨のブレース付きの櫓で固めて水平剛性を確保し、山側の支承部はローラーとしました。内側の支承は、やや低い水平剛性の鉄骨による櫓で、中央の支承は上下ピン構造で支持することになりました。中央支柱周りに用意された木製の斗栱は、内部に鋼板を仕込み実質的な鉄骨造として支持することにしました。斗栱組で橋桁の有効スパンを短くできるとの効果が期待できるのではないかと期待されたのですが、正しい評価は難しいため、ベイマツ集成材の梁を隙間なく並べてボルトで一体化して「主桁」とし、水平および鉛直の変形に対応しました。中央の支点上での橋桁の接合には「CP接合」を採用し、長さ三〇mの水平桁を構成して、地震や風による水平力に対応しています。

この廊下は「建築物」と位置付けられたために、多くの建築構造的な対応が要求されました。もし、この廊下に壁面がなかったら、構造の仕組みは異なっていたかもしれません。建築家のイメージを忠実に形にできるようにするため、かなり非常套的な手法を用いた設計になっています。結果的には、視覚的なイメージから想像できる構造の仕組みと実体が異なることになってしまったかも知れませんが、採用された部材はそれなりの役割を果たしていると思います。直交重ね梁による構造は、校倉造りやログハウスなど古くから採用されてきましたが、材の乾燥収縮などによる形状の変化が許されるときに限って採用できると思います。構造が、「黒子」としての役割を担った思い出深い設計となりました。

07–5
小嶋一浩氏の遺作を多様な構造種別で設計

広島県立広島叡智学園中学校・高等学校

設計：宇野享／CAn＋
土井一秀建築設計事務所
構造：中田捷夫研究室
日本構造設計
山辺構造設計事務所
栄建構造設計

広島県の広島市と福山市のほぼ中間の、瀬戸内海に面した街並みの美しい竹原市からフェリーで三〇分ほどの「大崎上島」に、この学校は建設されました。設計はCAt中心の共同体で、工事は三期にわたり三年がかかりでした。

この計画は、建築家・小嶋一浩さんとの最後のプロジェクトになりました。最初は岡山の吉備高原小学校で、その後、太田、戸田、沖縄、箕面、幕張と合計六校の小中学校の建設に協働させていただきました。私の設計人生の中で、大きな部分を占める大切なパートナーでした。

施設は、教室棟、管理棟をはじめ、図書館棟、食堂・厨房・カフェ棟、大体育館棟、小体育館棟、学生寮群、学生寮管理棟、男女の浴室棟や、これらの施設を結ぶ回廊、廊下など、多くの施設で構成され、これらの施設の構造も、中断面木造、大断面木造、在来木造、鉄骨造、ＲＣ造に加えて、Ｗ-ＲＣ混構造やＣＬＴを屋根や壁に採用するなど、低層建築に採用されるほぼすべての構造形式が盛り込まれています。これらの構法を自由自在に駆使して、全体として単調になりがちな空間に変化を与え、調和のとれた建築が創出できたと思います。都市に建設される学校建築は、敷地の制約が多いため、多くは一つの巨大な箱の中に、規模や用途の異なる施設を詰め込むため、単一の構

広島叡智学園の全景。中央の回廊を中心に諸施設が配置された（撮影：Hiroshi Ueda）

造形式でありながら規模の異なる空間に対応せねばならず、躯体そのものをデザインに活かすことが難しいのが常と言えそうです。この建物では、図書館の一部と寄宿舎、中央の回廊を除き、すべての施設が平面に配置され、用途に適した最適空間を作り出しています。すべての棟で、天井は〝現し〟で、構造体を見ることができます。すべての構造要素が、空間を構成する要素として活かされていると思います。

広い敷地に平面的に広がる低層建築を計画することは、経済性の視点からは必ずしも効率が良いとは言えません。叡智学園の敷地は、入江近くの干拓地を埋め立てて造成した埋立地で、敷地の中を川が流れていました。計画に合わせて、川を付け替えて敷地の外縁に形状変更したのですが、このような対応は想定する雨量を超えると敷地内が冠水するリスクが発生します。建設地は盛土によって嵩上げして対応していますが、地球温暖化による気候変動によって、想定雨量を超える事態が発生する可能性も否定することはできないでしょう。

話はやや古くなりますが、以前私は北海道のオホーツク海に面したある街で、スパン二〇mの大断面木造の陸屋根を設計したことがあります。現地の設計用積雪量は六〇㎝とされていました。やや疑いの印象は持ったものの、設計を進め建物は完成しました。

建物が完了して初めての新年を迎えた一月半ばに、梁に水平割裂が起て、屋根が撓んだとの連絡を受け現地へ急行しました。屋根梁の曲げ破壊は起こしてはいなかったものの、梁は積雪によるせん断に耐えきれず、支承部の近くで接着面から水平剝離が起きて、大きく撓んでいました。その後、除雪すると梁はほぼ現状に近く戻ったので、割裂面に樹脂注入し、鉄骨のトラス梁を側面にボルトで緊結し、補強して復元しました。

破壊の原因は積雪量でした。確かに法的に定められた深度は六〇㎝だったそうですが、降雪は一週間ほど間隔をあけて、三回発生したそうです。運悪く日中の外気温度が〇℃を超えることがなく、日中でも融雪を見なかったため、結果的に降雪が累積して一・六mを超える積雪荷重が発生したのです。更に屋根面の近くは、日中の室内暖房の熱が屋根裏を介して融雪を起こし、甕状態になっていました。設計時の想定を、はるかに超える荷重が発生していたのです。

法律で定める設計条件は、必ずしも建物に安全の保障をしてくれるものではありません。まして や、設計時に起こりうるすべての外力・外乱を考慮することもできません。それらは、荷重安全率や許容応力の安全率によってカバーされると想定して、構造設計は成り立っています。しかし、だからと言って安全すぎる余裕率は、「無駄」として排除されねばなりません。その微妙な「さじ加減」が構造設計者に求められているとしたら、構造設計者の責任は極めて重いといえます。

07–6

戦前の石倉を美術館に

石の美術館

設計：隈研吾建築都市設計事務所
構造：中田捷夫研究室

福島県の伊王野ゴルフ倶楽部の現場監理に通っていた頃、建築家・隈研吾氏から隣町の芦野に古い石倉があるので、一緒に見に行きませんかとお誘いを受けました。街道筋に接する一角に、数棟の組積造の石倉が中央の広場を囲むように建っていました。建物は外から見たところかなり傷みが進んでいて、中には戦時中の空襲で被弾して、穴が開いているものもあり、どのように活用すればよいのか、具体的なイメージは即座には湧いて来ませんでした。

隈氏から聞いた最初の計画は、建物をコの字型に配置して中庭を設け、そこにケーブルを架設して開閉式の膜屋根を設けてはどうか？　という発想でした。しかし、外周の建物からケーブルを架設することは技術的には可能にしても、高さや位置がまちまちで、上手くまとまるのかが心配でした。色々検討を重ねられて、実施案に行き着いたと思われます。最大のポイントは「芦野石を薄く加工する技術」を活用することでした。

芦野石は、固すぎもせず、柔らかすぎもしない程よい硬さと適度な強度の建築材としての適性を備えていて、その特性を十分活用することを設計のポイントにされたと理解しています。「石のルーバー」は、石としての重さを感じさせないスクリーンとして、独特な雰囲気を醸し出しています。

構造の課題の一つ目は、石倉の保存と活用です。蔵の一部は、基礎の状態を調査している際に倒壊してしまいました。最終的には、基礎の補強をして、最も規模の大きい二棟をレセプション棟と集会場に再生することになりました。レセプション棟は、比較的大きな出入り口が必要になったため、一部を積み直して開口を設けました。石造の場合、組積部分を一部解体して再組立することが可能で、思いのほか工事は順調に完成しました。

最も大きくて、奥の川辺に近い蔵は、傷みが激しいうえに、太平洋戦争中の砲弾の被爆による穴が残されているなど、そのままでの使用は難しい状態でした。「米倉」として使われていたため、内部は無柱空間で、組積壁で木造の屋根を支持する構造になっていました。

組積造としてそのままの保存を検討したのですが、壁面の軒高が高く組積造の規準に適合していないため、組積造としての利用を諦めて、壁面に沿って筋かい付きの木軸骨組を構成し、屋根を盛り替えて、木軸構造へと変更の設計をしました。改修によって屋根は外周の木軸で支持されるため、地震や風による安全は確保できるのですが、残された壁面は石造の自立性能に期待することになっています。

二つ目の課題は倒壊した石造に変わって、新しい組積造の展示室を設計することでした。新しい組積造は薄くスライスした芦野石のブロックを積み重ね、壁面の頂部をリブ付きの厚鋼板で〝臥梁〟としての機能を持たせ、組積造としての性能を確保しました。組積ブロックの一部には、透光性のある大理石をはめ込んで、組積造の持つ固い空間を和らげるように配慮されています。

組積造という構造形式は、最も古い伝統的な建築様式で、現在のような耐震性を確保する手法が普及する以前に建てられたものが多く、今日の建築の世界から消えてゆく傾向にあります。しかし、「積み重ね」て空間を構成するという手法はまったく自然な発想であり、剛体と剛体を繋なぐ目地に変形能を持つ素材を用いれば、「石」という素材の活用は決して不可能ではありません。確かに現在

石の美術館の中庭。正面は新しい隈氏による組積造（撮影：大野繁）

は、脆性材の活用は設計思想に馴染みにくいのですが、だからといってその活用を遠ざけてしまうのではなく、その不具合を創意工夫によって解決して行く努力だけは維持したいものです。

その後、隈氏は幾つか石をテーマにした建築を設計されました。この「石の美術館」は、必要にして最低限の建築要素を備えていて、余分な装飾要素はまったくありません。それが却って、この建築の評価を高める結果に結びついたとも言えると思います。

07–7

幻の競技設計特定案

長岡文化創造フォーラム

設計：岡部憲明アーキテクチャーネットワーク
構造：中田捷夫研究室＋力体工房

この計画は、本書で取り上げた唯一、実現できなかった幻のプロジェクトです。この計画を取り上げたのは、私の五〇年の設計生活の中で、大変印象に残る出来事だったからです。

当時、自分の事務所を立ち上げて一〇年ほど経過していたのですが、建築家・岡部憲明氏からコンペのお誘いを受けました。私自身、設計業務の他に、教育（東京理科大）や技術者集団のボランティア（ＪＳＣＡ）などを兼務していて、生まれて初めて過労で入院する事態になったことや、コンペ入賞後の実施設計に丸一年を費やしたこと、それにファサードの設計に構造家・ピーター・ライス氏の事務所、パリのＲＦＲに打合せに出かけたことなど、多くの出来事を経験したプロジェクトだったからです。

計画は、実施設計は完了したものの、予算不足で中止になりました。バブル景気が終わり、国の補助金が出なくなって、計画が頓挫したのです。

計画の目玉は、倒立楕円錐形の鉄骨支柱群で空中に持ち上げられた大ホールと、前面の高さ30ｍにも及ぶワイヤーで吊られたガラスのファサードでした。この設計は、既にドイツのミュンヘン空港に隣接するホテル ケンペンスキーに採用され、技術的な問題は解消していました。

吊りケーブルに大きな初期張力を与えて、ガラス面の面外剛性を高める手法は、論理的には理解できましたが、その張力を屋根と一階梁で受け止めるために大きな苦労をしたことが印象に残っています。外気や室内の温度変化によって、吊りケーブルの張力が変化するのを防止するため、下部の支承部に「皿バネ」を活用する計画も、初めての経験でした。今振り返ると、随分大胆な挑戦ではなかったかと思います。

今から三〇数年前の一九八〇年代は、七〇年半ばの石油危機を乗り越えて、建設ラッシュの時期だったと記憶しています。地方自治体でも、庁舎や文化会館、図書館や体育施設などの社会施設の整備が盛んで、多くのコンペが行われました。最近のような事務所の実績や技術者の数などといった制限はなく、技術提案中心の審査だったと記憶しています。以来、三〇余年が経過して、ほぼ施設が行き渡った現在、保育園や幼稚園、学校の建替えなど教育施設整備は行われていますが、残念なことに若手の建築家が挑戦できる競技設計は減ってしまい、挑戦の機会が少なくなっています。このような背景の中で、構造家と呼ばれる職能が活躍する機会も減って、「構造計算業」のみが生き残ってゆく現状は、大変残念なことです。特に近年は、大型計算機による一貫計算がほぼ義務化され、認定プログラムの活用が必須となっています。計算機の大型化、高速化によって、建築で採用された部材は、ほぼすべてモデル化され、計算できるようになりました。極言すれば力学の原理の理解がなくても、「構造計算」は可能になったのです。最適化の手法を活用すれば、すべての部材が、想定外力に対して同時に降伏する設計さえ可能なのです。

しかし、私たちが設定している「設計用外力」は、あくまで「想定」している外力・外乱であることを忘れてはなりません。どの程度の安全を設定するかは、設計者自身が考えなければならないことなのです。そのためには、設計する構造モデルが「どのような構造特性をもつ構造なのか」をイメージする力を養うことが不可欠だと思います。

07–8

数奇屋建築の手法を駆使した現代和風建築

コーベコニシ本社・流通センター

設計：山本良介アトリエ
構造：中田捷夫研究室

神戸市の西、須磨区の神戸流通団地に建つこの建物は、酒販問屋の本社・流通センターとして計画されました。施設は、前面の道路に面する事務棟と背面の商品庫の二棟で構成されています。事務室は、大型運搬車の進入路を確保するため、地上から六ｍほどの空中に設置されました。地面から八本の突出柱を設けて、その上に鉄骨の二階床と屋根をピン支承で支持する計画です。一階の玄関ホールからは螺旋階段で二階の事務室へ導かれますが、同時に二階から渡り廊下で商品庫の二階にも連絡されています。事務棟の屋根は、円弧型にむくった円筒型の屋根で、背後の山並みを思わせるように重なり合って計画されています。二階床と屋根は中断面の集成材による木造床で構成されていて、コンクリート柱と鉄骨梁の無機質な空間に柔らかさを与えるように意図されています。

この建物は、坪井善勝先生の逝去に伴い、独立して設計活動を始めて間もない一九九四年に竣工しました。建築家・山本良介氏とは初めての協働で、多くの戸惑いの中での仕事でした。山本氏は京都を中心に設計活動をされていて、数寄屋建築の発想を現代の建築に取り込まれた和風建築の設計者として高い評価を受けておられました。この建築で私の印象に強く残っているのは、軒先の小さな円弧状の庇でした。この小屋根は「蓑甲」と呼ばれるそうで、蓑を付けたときに手先に着ける小さな蓑の呼称だそうです。「補助的な屋根」とでもいうのでしょうか、機能的にはそれほど必要性がないのかも知れないのですが、それは実に見事に「山本流」デザインの風合いを醸しています。

構造設計の主たる役割が、建物の物理的な安全性の確保であることは言うまでもありませんが、それは同時に意匠的な意図を生かせるものであることが大切だと思います。これは、言うことはやさしいのですが、実は大変難しいことで、意匠的なアイデアが必ずしも構造的に合理性があるとは限らないのです。そして、世の大部分の設計者は、「軽」「薄」「細」「安」と言った価値観を構造に求めることが多く、妥協点を模索することが設計の主務になっています。「性能の高さ」と「危うさ」の兼ね合いが最も大切にされているのです。どこまで「柱は太くできるか」と言ったデザイン観があっても不思議ではないはずなのですが、残念ながら「軽薄短小」と言った価値観が重んじられるのが現実のようです。法律で要求される性能以上のものは、果たして「無駄」なのでしょうか？恩師坪井善勝は、「柱は太い方がよい」「板は厚い方がよい」といって、設計時の部材寸法について決して「細く」「薄く」とは言われませんでした。穿った言い方をすれば、「人間の思考には限界がある」と言われているようにも思われます。ニューヨークのＷＴＣ崩壊の調査報告の中に、「冗長性」と「強靱性」が建築には必要だと述べられています。「冗長性」とは、そのままでは「無駄なこと」なのですが、ここでは計算で得られるギリギリの設計ではなく、余裕ある設計が大切であると理解されるべきかも知れません。私たち人間は完全ではないので、計算で得られた余裕のない設計にせず、不慮の状況に備えて、安全への準備をすることが大切だと言うメッセージだと理解しています。

山本氏の頭の中には、実に多くの数寄屋建築のパーツが詰まっているようです。その素材を如何に建築に仕上げるかについて豊かな感性を発揮されるとき、構造担当者として如何にそれをサポートできるかは大きな課題です。構造上の諸法規で要求される諸々の取り決めをクリアすることはある意味でやさしいのですが、構造上必要のないものの大きさや形を決めるのは大変難しいことです。

07–9 米国生まれのアルミ製空間構造システム

テムコKSKドーム

設計：日建学院
構造評定：中田捷夫研究室

テムコKSKドームは、純アルミ製のシステム化された空間構造システムです。米国製のこのシステムは、設計から製作まですべてシステム化され、工場で梱包されたパーツを現場で乾式のファスナーで組み立てます。アメリカ国内をはじめ、世界中の多くの国で多様な用途に供される自由度の高いシステムです。直径一〇〇mを超える建築にも用いられ、カリフォルニア州ロングビーチにある世界最大の映画スタジオは直径四一五フィート（一二六・五m）の最大規模を有しています。

建築資料研究社がアメリカのTEMCO社から日本での実施権を取得したのですが、当時日本にはアルミニウムに関する構造規定がなく、建築基準法第三八条の構造評定による大臣認定ルートで、構造設計を行う計画となりました。

構造評定用の資料作成について、東京大学の半谷裕彦教授（故人）を中心に、空間構造の専門家に理論的な裏付けや実験の実施などの支援をお願いし、平成一一（一九九九）年に構造評定の申請に漕ぎつけました。平成一二年五月に構造評定が完了し、日本での建設が可能になりました。しかしその後、建築資料研究社の担当者の逝去などにより、実際のプロジェクトの実現には至りませんでした。ただ、建築確認の必要のない貯水槽などの施設や、米国基地内の施設には現在も採用され

アルミドームの実施例。最も軽量な構造システムで、すべての部品は工場製作され、施工期間の短縮を実現

ているようです。

近年になって、日本の建設会社がこのシステムの日本での実施権を取得し、建築への適用を再び計画しましたが、現在でも第三八条の一般認定が得られたという情報は得られていません。障害になっているのは、材料強度に関することのようです。私が取り組んでいた頃、日本ではアルミに関する法的な定めはなかったので、米国規格の単位系をそのまま日本の単位系に換算して用いていました。

その後、日本での構造材料としてのアルミ合金に関する規定は、平成一四年五月の官報で定められましたが、TEMCOドームに使われている素材は米国規格であり、そのままでは日本の一般評定としての認定はできないとのことでした。私が最初に申請した当時は、日本での規定が定められていなかったため、「米国規格材の使用」が認められたのです。その後、定められた日本規格の数値は、米国規格の数値と単位系が異なるだけなのですが、一旦わが国で規定が定められた以上、外国の規定をそのまま認めることができないという難しさを感じています。

日本では、幾つかのシステムトラスが実用に供されていて、その多くは「ボールジョイント」と呼ばれる節点の球体に、トラス部材の端部をネジ接合する方式です。ＴＥＭＣＯドームは、基本的には単層ドームを標準仕様としていて（部分的に複層に組んで性能を高めた例もあります）、曲げ性能を有するＨ形部材を、フランジをハックボルトと呼ばれる「鋏（かし）め型」の特殊ボルトで摩擦接合するユニークなシステムです。

ハックボルトは、わが国でのＨＴＢ接合が普及する前に規格化が進んでいた構法ですが、ＨＴＢによる摩擦接合の普及とともに建築ではあまり使用されなくなりました。現在の「シアトルク」型のＨＴＢ接合は、薄板の接合には不適なのに対して、この工法は薄板に対しても施工が可能なため、航空機などにも採用できる優れモノです。

アルミ合金は、軽量、高強度、防錆、加工性などの観点から、私たちの生活に欠かせない金属ですが、精練に際して多くの電力を消費するので、わが国では建築の構造材としての活用は多くありません。特に、熱伝導率の高さは、外気とのヒートブリッジが結露の原因になりやすいので、対応が難しい素材と言えそうです。ただ、アルミは融点が低く、再利用の効率が高いので、一旦利用した後も再利用が可能で、環境負荷の視点からは優れた素材と言えそうです。

現在は、日本のＴＥＭＣＯ社が生産・供給をしているようですが、現時点でも一般評定は実現していないようです。アルミニウムはすべての原料を、インゴットの形で輸入に頼っている現状を考えると、外国産の素材を自由に使えないのは大変不自由なことだと思います。種々の工業規格が材料の品質確保に有用なことは明らかですが、私たちの作る制度が自由な素材の活用の障害になるようでは意味がないと思います。建築基準法の適用を受けない工作物や米軍基地内での施設への適用が可能なら、一般の建築への適用を可能にするのも私たちの役目かも知れません。

07–10

大型集成材で箱構造の家を創る

船橋海神 STYLE HOUSE2

設計：篠原聡子＋空間研究所
構造：中田捷夫研究室

総武線船橋駅に近い住宅地に建つ住宅で、同じコンセプトの住宅二棟が建設されました。各棟が四〇㎡×二階建で、延床面積が八〇㎡、一階RC＋二階WCの立体混構造での計画です。一階は壁式構造で、壁の頂部に二階の木質パネルによる箱構造を支持するファスナーがほぼ九〇〇ピッチで埋め込まれています。

二階の木造部は、高さ二、五〇〇㎜、幅三、六〇〇㎜の筒状で、床の厚さが一一五㎜、壁、天井が一〇〇㎜の集成材の板で構成されています。樹種はホワイトウッドで、強度等級はE-95 F-315の設計となっています。ラミナを幅方向に一、八〇〇㎜の板状に集成して、壁面と床を構成しました。

板と板の接合には、引きボルトとせん断ジベルを用いました。引きボルト（かんざしボルト）には角鋼二八×二八㎜にM12のネジ切りとなっています。妻部分にもパネルを配置して箱構造としています。

この建物の竣工は二〇〇四年、一九年前になるのですが、当時現在のCLTは日本では生産されていなくて、使える環境にはありませんでした。しかし、挽板を積層する技術は、既に多くの実績を積んでおり、幅が二ｍにも及ぶ集成材の積層も可能で、大型のプレナーで板状に加工することもできたのです。石川県能美市の集成材工場（中東）で加工して現場に搬入し、床、壁、屋根の順序で組立て、一週間程で組み上がりました。乾式工法のため、現場での工期が大幅に短縮されました。板を外気に晒すことはできないため、外壁には金属製の仕上げが施されています。

木質素材を仕上げとして使う場合に必要なことは、乾燥による収縮対策です。集成材のラミナとして使う挽板は、含水率を一五％以下にすることが義務付けられていますが、私たちの居住空間として使用される木材は、長期間、低湿度の空間で使用すると次第に乾燥し、「割れ」が生じることがしばしばあります。割れは木材の繊維直交方向に発生するので、梁などの曲げ材では強度的にはあまり問題にならないのですが、二方向の板として設計する時は注意が必要です。

この計画においては、同じ仕様の建物が二棟建設されました。建物はほぼ直角に配置されているため、日射の条件が異なることや、また片方の家は昼間まったく居住者が居なくなることなど条件の相違があったためか、片方の家にひび割れは皆無であったにもかかわらず、もう一つの家には大きな乾燥ひび割れが発生しました。ひび割れには樹脂注入を行って補修し、性能的には回復できたのですが、環境によって乾燥状態に差が出ることに留意する必要がありそうです。

最近、ＣＬＴ（直交集成材）の活用が推進されています。ＣＬＴでは、挽板を交互に九〇度直交させて集成するので、船橋住宅で用いた平行集成板とは特性が異なります。大きな相異は板としての面内せん断剛性で、ＣＬＴでは、挽板の側面が接着されていないため、言わば格子の網目状態であるのに対して、平行集成版では、異方性ではあるのですが一体の板としての面内せん断剛性が確保されています。近年、やや面倒ではありますが、挽板の幅方向にも〝幅はぎ〟（挽板の側面を接着する）したＣＬＴの製作ができるようになりました。この方法を活用すれば、よりせん断性能の高い耐震壁として活用することができると思われます。

木材を多量に使う規模の大きな建築では、耐火性能の要求が大きな障害になることがしばしば見受けられます。木材の外観が問題にならない建築は別として、木材の不燃化は大きな課題でした。木の繊維細胞に石灰などの不燃物を含浸させる「不燃木材」などが考案されましたが、木としての風合いを大切にする日本の文化には馴染めず、十分な普及は見られませんでした。現在では、ホウ酸系の含浸処理をした不燃材が多用されているようですが、十分な性能を発揮するにはまだ改善の余地があるようです。ホウ酸を使わない不燃処理法も提案されていて、より安定した性能が得られるという情報も聞かれますが、含浸処理工程が増えることや薬剤の価格などの壁をいかに克服するかの課題が残されているようです。

科学技術の進歩は、人間の多くの期待に応えてくれる時代になりました。化学的な処理を加えることは、「木」と言う素材を「自然素材」から変化させてしまったり、時には素材本来の良さをなくしてしまう危険もありそうです。「木」はありのままで活用するのが本来の良さを活かす最も合理的な活用法に違いありません。木を乾燥させ、切り刻んで再び貼り合わせる行為は、私たち人間にとっての有用な活用法かも知れませんが、人間が手を加えることを少なくして利用することも同時に大切なことだと思います。「素材の加工を最少にして」使うことも私たちの知恵なのかも知れません。

07-11

最少の構造要素で建築を創る

サンカク

設計：篠原聡子＋空間研究所
構造：中田捷夫研究室

山梨県北杜市の別荘地、清里に建つ別荘として計画されたこの建物は、当初の計画とまったく異なる展開を見て実現しました。最初に現場を訪れた際に受けた相談は、既に存在した建物の改修ということでした。それなりに変更計画を練って帰京したのですが、数日後突然打合せの打診があり、その席で聞かされた計画は既存の建物のすべてを解体して、まったく新しい計画で作り直す提案でした。その案が「サンカク」です。

建築の規模が大きくないので、この空間を作る構法は限りなく沢山あるはずです。建築の原点である竪穴式の住居を思わせる設計者のこの空間を、建築に作り上げるのにはそれなりの工夫が必要だと思いました。「単一の構造要素で空間を作る」ことに挑戦……が一つのアイデアとして提案されていました。「一辺が八mの正三角形の筒を作ること」は、格段難しいことではないのですが、在来の木造ではどうしても部材長さが足りなくて、中間でつなぎが必要になります。そこに別の構造要素を配置したのでは、空間の一体性が失われてしまう……。種々の素材の中から残ったのが、「木の折板」でした。

「ディメンションランバー」は、現在通常の流通で入手できる最も経済性の高い素材で、二×一二

「サンカク」の外観。大小２棟が離れて建設された（撮影：Yamada Kaoru）

（インチスケール）の挽板をフィンガージョイントで繋げば、長さの制限のない挽板を入手することができます。樹種もベイマツを採用すれば、E120の強度と剛性の高い素材の活用が可能になります。この板を嵌め合い接合によって折板状に一体化すれば、高い面外剛性の大型の「版」を作ることができます。この板をお互いにもたれ合わせて三角形の筒状空間を作ることになりました。床は、鉄骨の骨組みにデッキプレート＋コンクリートとしています。基礎は直接基礎ですが、傾斜地のためそれぞれ高さが異なる設計になっています。

木質の素材も、鋼材やセメント材と同じように、種々の使い方があります。通常、在来木造には、柱や板に挽いた製材としての利用が一般的ですが、乾燥による変形や割裂などの理由で、素材としての信頼性がいまいち十分ではありません。最近では乾燥技術の改善によって、「ＪＡＳ構造材」と呼ばれる乾燥規格材が普及してきて、製材の信頼性が改善されてきたようです。しかし、これらはあくまでも「製材」のため、断面のサイズや長さに限界があり、どのような要求にも応えられるわけではありません。

「集成材」は挽板の加工品で、断面の形状や材長はもとより、積層の仕方によって曲げ強度の設計もできるという意味で、大変便利な素材ですが、そのためには多くの加工工程が必要になり、技術的には可能でも〝何でも使える〟わけではありません。

木質構造の設計で最も重要なことは、「接合部の設計」です。在来木造の接合部には、わが国古来の「仕口」と呼ばれる手法が用いられてきました。この構法は木と木の接合であり、お互いの部材を欠き合って嵌め合うため、論理的には部材性能の五〇％以上の力を伝え合うことはできません。実際の設計では、おそらくそれより小さな力しか伝えられないのが現実です。柱などの「引抜」力に対して「枘」では対応しきれず、柱脚にホールダウン金物を使うことが在来木造では一般的なようですが、開口部の脇の柱では大きな偏心が生じ、これでよいのかと疑問に思われることもあります。

金物による接合が普及してきた理由の一つは、「仕口」と言う接合法の性能の数値的な評価が難しいことにあると思われます。現在広く普及している金物は、「鋼板挿入型ドリフトピン接合」ですが、その性能の評価は主として「実験」による認定値であり、仕様設計になっていて一般性がないのが難点です。

鋼板挿入型ドリフトピン接合は、基本的には梁のせん断力のみを伝えるピン接合として設計されることが多いのですが、鋼板の形状に工夫を加えて、鉛直力によって梁と柱が密着し、若干の曲げモーメントを伝達することを可能にした接合法も提案されています（ＳＥ構法）。ただ、この方法はあくまでも梁に鉛直下方のせん断力が作用しているときに発生する性能なので、柱脚など、地震力の交番応力が作用する時には加力方向によって曲げ性能が変化することに留意する必要があります。

木質構造接合部の最大の特徴は、「異方性」です。繊維平行方向と直交方向で大きく性質が異なります。特に、繊維直角方向の「めり込み」は、接合部設計時の最大の難問です。

等方性弾性体（塊）の「めり込み」問題は、「三次元弾性論」として古くから研究されてきました。これらの理論を異方性の木材に適用して、実験値による影響係数を考慮して木材のめり込みを理論化しようとする手法も提案されています。しかし、繊維直交方向の弾性係数が、繊維平行方向の数十分の一程度しかない木材の柱と梁の剛接は、設計的には大変難しいのも事実で、接合部の柱側に樹脂注入するなどして部分的な補強が有効かもしれません。

日本における中大断面木造の歴史はまだ三〇年程度ですが、日本の在来木造は、「木目が美しい」ことが採用の動機になっていることも多々あり、海外の木造に比べて大変美しいと高い評価を受けています。地震など設計条件の厳しい日本ですが、日本ならではの繊細で美しい木造がこれからも作られてゆくことを期待したいと思います。

「サンカク」の内観。一部箱型の空間が内包され、2階建となっている（撮影：Yamada Kaoru）

07-12 岡本太郎の幻の巨大壁画修復

明日の神話修復工事

岡本太郎記念現代芸術振興財団
担当：平野暁臣、吉村絵美留、中田捷夫

構造設計の技術は、建物の設計だけに有用なわけではなく、種々の活かし方があります。この事例はその一つとして珍しい体験をさせていただきました。

以前、岡本太郎美術館（川崎市生田）の敷地に建つ母の塔の構造設計を担当させていただいた縁で、岡本太郎の秘書で岡本太郎記念財団を主宰されていた故岡本敏子女史からご連絡をいただきました。内容は、岡本画伯が大阪万博の太陽の塔に取り組んでいた頃、メキシコのホテルの壁画の制作にも取り組んでいたそうです。しかし、壁画が完成して取り付けた後、ホテルの計画が頓挫してしまい、その後壁画の行方が分からなくなってしまいました。その壁画が、二〇〇三年に三〇余年を経て発見されたのです。

ご依頼の内容は、再生プロジェクトへの参加でした。私の役目は、メキシコ市の工場の青空倉庫に眠っていた壁画五・五×三〇ｍの経年劣化で再生不能寸前の壁画を、現地で分割、梱包して日本に持ち帰り、再び張り合わせて補強して一体化し、修復することでした。プロジェクトリーダーの平野暁臣氏、絵画修復家の吉村絵美留氏とタッグを組んで、プロジェクトは進行しました。解体、梱包した絵画は、船便で神戸へ輸送し、陸路で愛媛県内の作業場に運んで、一年がかりで修復作業をしました。

大変残念なことは、壁画の修復を一番期待しておられた岡本敏子女史が完成を見ずして他界されたことです。メキシコでの作業を終え、発送が完了し、作業チームが成田に着いた日に空港で訃報に接しました。修復の完成をお見せして、喜んでいただける顔を見ることができなかったのが残念でなりません。

多くの支援者の尽力で、一年後の初夏に完了した壁画は、日本テレビ地下広場に二か月間、東京都現代美術館で一年間公開展示され、今は渋谷駅構内の自由通路で一般公開されています。

絵画は七枚の画板に分割して描かれていて、雨除けの屋根の下にシート被った状態で保管されていました。それぞれのピースは二枚のセメントの薄板を張り合わせ、背面には、鉄の補強用アングル材がビス止めされていました。しかし、長い間、外気に晒されていた画板は、裏表ともひび割れが激しく、そのままではとても船の輸送に耐えられる状態ではありませんでした。背面の補強フレームを取り除くと、二枚のセメント板は別々な形に割れていました。どのようにして表面のひび割れ図通りに背面の板を切断するか？　が課題でした。

いろいろ悩んだ結果、次の手順で作業を行うことにしました。

①写真撮影により表の絵のひび割れ図を作る。
②実寸大のひび割れ図を作る。
③絵画の背面を清掃し、エポキシ樹脂で保護する。
④表のひび割れ図に従って背面の板を切断する。
⑤切断したピースを梱包して発送する。
日本の作業場において、
⑥下面から絵の位置を確認できる作業台を作る。床面にガラス板を使用する。

⑦絵を下向きに並べ、絵画の一体性を確認する。
⑧アクリル補強板を絵画の裏側にエポキシ樹脂で貼りつける。
⑨アクリル製の補強リブ材と鉄骨の補剛材を取り付ける。
⑩作業場の壁面に立てかけて絵の修復をする（吉村チーム）。
上記の作業手順で、修復作業はスタートしました。
①の作業は、吉村氏の撮影された写真を角度補正して、正確なひび割れ図を作成し、それを基に、ひび割れ図を目視で数値化し、ひび割れ図を作成する（協力：山中章江氏）。
②の作業は、①で作成した図面を、鉄骨加工用の原寸図作成用大型プロッターでシートに出力し、手分けして現地に持ち込む（協力：宮地鐵工所）。
③の作業は、現地でクレーンで絵画を下面にして平置きし、補強フレームを取りはずした後、表面保護のためエポキシ樹脂を塗布する（吉村チーム）。
④の作業は、絵画の裏面に、表面のひび割れ図を重ねて、シートのひび割れ図に沿って切断する。
以上の作業手順で、現地での絵画の解体作業を終え、メキシコから神戸へ向けて輸送しました。

日本での作業場には、愛媛県東温市にある工場㈱サカワ）を借用し、約一年をかけて修復作業に入りました。ひび割れでバラバラになったピースを作業台に載せ、絵画のズレがないか確認して、背面にアクリル板をエポキシ樹脂をグラウトし接着しました。絵とアクリル板の間に三㎜程度の隙間を空けて、エポキシ樹脂を充填する作業は、真夏の工場の温度管理を含めて、大変ハードな作業でした（㈱ＭＰＣの井上要氏（故人））。

絵画の背面の補強が終わったあと、同じ工場内の壁面に建て起こし、本格的な「絵」の修復が吉村氏のチームによって行われました。翌年春に完成した一四枚の絵画は、陸路東京に運ばれ、日本テレビの地階の広場で一般公開されました。

渋谷で公開された壁画（提供：岡本太郎記念財団）

私は、この一貫作業の中で、多くの非日常の作業に取り組みました。一つ一つの作業は、建築に携わってきた作業の中の、ほんの一部を切り取って、組み合わせたものです。特に新しく考案された技術があるわけではありません。しかし、よく考えてみると、私たちの建築設計も、既成の技術の組合せであり、その使い方が異なるだけなのです。もし、地球の気候変動で人々の住まい方が変わったり、新しい素材が現れたりすれば、建築の形もどんどん変わって行くに違いありません。そんな時、私たちは、今の建築の技術をもう一度分解して、新しく組合せ、新しい空間を創ることが求められるに違いないのです。

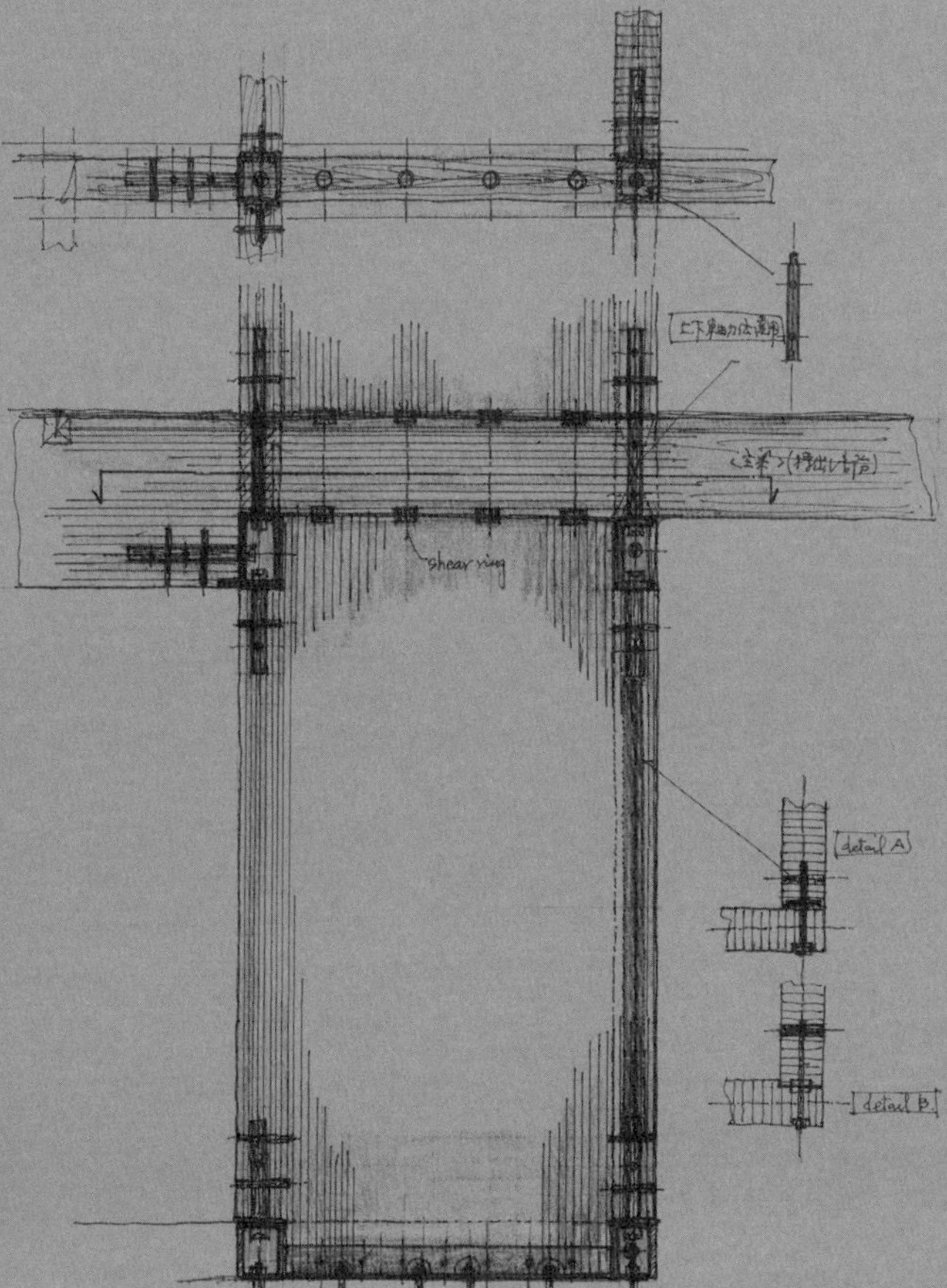
〈主梁〉(持出し部)
shear ring
detail A
detail B

08

塔状構造の語りごと

08-1 塔状構造について

「塔状構造」と言う章を設けてみたのですが、改たまってその意味を考えてみると、大変曖昧な言葉で、なんとなく「のっぽ」な建造物といった程度の意味しか思い浮かべることができません。建物の幅と高さの比―アスペクト比と呼んでいます―が、四を超えると転倒しやすい構造物として法規上検討すべき事項が追加されます。これらの規定は「建築物」に対して適用されるのですが、「工作物」と呼ばれる種類の建造物に対しては適用されない場合もあるようです。これは、あくまでも法規上の規定であって、技術的にはあまり意味があるとは思えません。建物の形状に対する質量分布が一様だと仮定すれば、地震で転倒しない限界的な数値を設定することができます。実際の建物では、一般的には建物の両端に存在する壁や柱の重量や、基礎や杭などの自重による抑え効果によって、転倒を防ぐ設計が行われます。

構造設計の本来の目的は、自然界に起きる地震や強風などから、倒壊を防ぐ性能をどのように確保するかだと思います。このときに最善と思われる設計が、諸法規に適合していることは当然必要ですが、社会の求める制限値を満たしているからと言って、必ずしも十分とは言えないことです。法律の求める性能は、あくまでも「想定の外力・外乱」に対するものであって、どのような規模や特性の地震や風が来るのかは未知なのです。設計者は、法規に示された数値に支配されるだけでなく、自己の経験と判断によって、想定すべき外力や外乱を設定して、構造物が備えるべき性能を評価していくことが必要です。

「アスペクト比」が大きな建物では、地震時の転倒をどのように防ぐかが課題です。高さの割に幅が小さいので、転倒に対する自重の抑え効果が小さく、それに比べて上向きの浮き上がり力が大きいため、基礎の設計に工夫が必要になります。

考えられる方法は、塔体の構造特性と地盤の状況によって異なりますが、概ね次の二つではないかと思います。

①建物の下部の重量を増やして転倒し難くする。基礎の幅を大きくして接地面積を増やして転倒し難くする。

②周りの地盤で塔体を拘束して、転倒を防ぐ。

①については、基礎の重量を増やしたり、杭の径を大きくしたりすることも効果がありますが、平面寸法を大きくすることや、地下階を作ることも効果があります。②については、杭の引抜力（周面摩擦）や緊張材で地盤に定着する（アースアンカー、ロックアンカー）などの方法もあり、構造物や支持地盤の特性に合わせて選択して行くことになります。

高い構造物では、申請時に動的な挙動について説明が求められます。法律で示される地震波に対してどのような応答をするかについてです。私が構造について学んだ「坪井研究室」は、わが国屈指の空間構造の先駆者であった坪井善勝先生のチームですが、坪井先生は常々、「〝横なが〟（大スパン構造）は坪井研、〝縦なが〟（超高層）は武藤研」といっておられて、研究室での振動問題の研究は日本大学の田治見宏先生にお任せしておられました。スタッフは、ほとんどが空間構造のスペシャリストで、振動問題を少し扱えるようになったのは、白石（山本）理恵子さん（故人）が加わってからと記憶しています。

岡本太郎の母の塔の設計に取り組んだ頃には、かなりコンピュータが普及していて、串団子モデルの応答解析は大分ポピュラーになっていました。しかし、母の塔の応答解析は、東京大学の半谷裕彦教授が支援してくださっていて、立体骨組みそのままのモデルで応答解析に挑戦されていました。それぞれの節点が独自に挙動するため、計算に多大の時間を要したことを記憶しています。空間構造の応答解析を、節点の質量をバネで結合したモデルで解析することは、現在の計算機の容量と計算速度をもってすれば、それほど困難なことではなくなったかも知れません。しかし、構成モデルの最初の部材が降伏した時を建物の保有水平耐力の「下界値」とすることは理解できますが、構造全体が不安定になる「上界値」まで追跡することは計算的には可能かも知れませんが、時刻とともに逐一変化する建物の形状や、部材の座屈などの検証など、複雑な検討が必要になり、とても現実的な手法とは言えません。

母の塔の初期の構想図
：太陽の塔と同規模の計画

構造設計の妙味は、「最もシンプルなモデル化で、最も高い精度の近似値を得る」ことにあると言われています。しかし、現在の風潮は「より細かく計算することが精度を高めることだ」とすることにありそうです。構造の設計は、あくまでも構造設計者の感性を最優先すべきで、構造計算はその補助的な手段に過ぎないのです。

08-2

今も現役の海中展望塔 築五〇年

足摺海底館

構造設計：川崎重工業㈱＋
東京大学坪井研究室
（坪井、川口、中田、阿部）

「足摺海底館」は、高知市の南西約一〇〇kmに位置する土佐清水市の西、足摺宇和海国立公園の、奇岩「竜串見残し」で有名な竜串海域公園の中心的な施設として、一九七二年に建設されました。この頃は海中展望塔の建設が盛んで、相前後して和歌山県白浜と串本、鹿児島県与次郎ケ浜、沖縄県名護の部瀬名など、六つの海中展望塔が建設されました。海洋開発の最大の話題は、沖縄海洋博覧会に政府が出展した「アクアポリス」で、「半潜水型浮遊式海洋構造物」として、約一〇、〇〇〇㎡の床面積を持つ巨大構造物として話題になりました（二〇〇〇年に解体）。海中展望塔は、五〇年たった今も、人気の施設として利用されています。宇宙開発が盛んな今日この頃ですが、海中に新しい空間を求めることは、人類の未来にとって大切で、これからも多くの計画が持ち上がることを期待しています。

計画が持ち上がったのは大阪万博が終了して間もない頃で、お祭り広場の設計監理を担当していた奥保多聞氏（大阪芸術大学）が設計を担当されました。構造チームは東京大学坪井善勝、梅村魁、法政大学川口衞、阿部優の諸先生と私の五人で、塔体の製作、運搬は川崎重工業㈱、海中の基礎工事は鹿島土木㈱という陣容でした。構造計算の担当は川崎重工業の海洋構造に詳しい技術陣で、特に波力の評価に詳しい部署の情報が設計に大変役に立ちました。

設計に際して想定する外力としては、自重や積載荷重に加えて、波力、風力、静水圧、地震時動水圧、潮流力が評価され、地震時、台風時の状況に対応して、荷重の組合せが設定されました。

台風時に、強風に伴って押し寄せる波力の評価は難問でした。台風時に大きな波力を受ける防潮堤に及ぼす波力については、広井式と呼ばれる評価式が存在したのですが、この式では防潮堤に及ぼす総波力が与えられる形式のため、塔体の設計には適用できませんでした。川崎重工業の担当者から提案されたのが「合田式」と呼ばれる評価式で、宇宙から帰還する人工衛星が海面に着水する際の衝撃力を評価したNASAの論文から、波頭と塔体の衝突による波力を評価した研究の存在を教えられました。理論の中身については、若輩の私にとって到底、理解できる範囲を超えていましたが、驚きの中で、「砕波」の評価に挑戦したのを今も記憶しています。

「合田式」の適用に際して最も苦心したのは、式中に「海底勾配」や「沖波波長」という変数が含まれていて、その数値をどのように設定するかでした。建設地は奇岩で有名な海岸であり、ましてや海底勾配に関する情報など得る術はありません。また、沖波の波長などといった数値についても、まったく情報が得られませんでした。対応に困った結果、これらの数値をパラメトリックに計算してみました。海底勾配を五度間隔で四五度まで、沖波波長を一mから一、〇〇〇mまで変化させてみました。この結果、得られた波力の大きさは、これらの変数にあまり大きな影響を受けないことがわかり、砕波による衝撃力の設定を行いました。ここで得た教訓は、理論式の厳密な表現を設計に取り入れる際には、それぞれの数値の影響の度合いを検討した方がよいということです。日本建築学会の諸基準には多くの評価式が示されています。それらはより厳密な評価を得るために研究者が努力された成果が示されています。しかし、時にはその厳密な表現のゆえに、支配的な因子が何であるかわからなくしてしまうことがあります。設計式としては、「もっとも簡単で、高い精度の数

海中展望塔外観。海岸からブリッジで海中展望塔の空中階に入り、階段で海中の展望階に下りる（提供：高知県観光開発公社）

値を得る」ことが最高だと教えられました。複雑な評価式も「電算」というツールによって、瞬時に計算できるようになりましたが、それが却って式の持つ意味を視界から消し去っているとしたら、設計者にとって本当に幸せなことなのかと余計な心配をしています。

08–3

西の太陽の塔に対する東の母の塔が実現

岡本太郎美術館　母の塔

設計：川崎市教育委員会
　　　現代芸術研究所
構造：中田捷夫研究室

独特の作風を持つ絵画と彫刻で有名な、岡本太郎の作品を収蔵する岡本太郎美術館の一角に建つ高さ三〇mの塔は、平成一一年に川崎市多摩区の生田緑地の一角に建設されました。

西の太陽の塔、東の母の塔として、当初は高さ六〇mで計画されたのですが、近隣を含む色々な条件を調整して、結果的に高さ三〇mに設定されました。当初の予定では、太陽の塔と同じように、母の塔の内部にも展示空間が計画されていたのですが、最終的に決められた場所では、足元のスペースが限定されていて、この規模が高さの限界とされたのです。

私が設計チームに参画したのは、計画がかなり進んでからで、当初の計画では曲面型枠と吹付けコンクリートによって〝自由曲面シェル〟を構成する設計となっていました。この構法は、外部の形状を作るのには便利な構法なのですが、内部には型枠を安定させるため多くの支保工が必要で、どうしても「力ずく」で設計した感をぬぐうことができませんでした。これに岡本敏子氏が強く反対されたと聞いています。

ある日、青山のアトリエに呼び出され、構造の提案を求められました。一週間ほどの時間をいただいて、私なりの計画を聞いていただきました。私は、構造設計の仕事は「構造の性能を説明すること」だと思っています。当時と違い数値解析の手法が格段に進歩した今日は別として、曲面の数値化の手法は元より、吹付けコンクリートの自由曲面の性能を正しく評価する信頼できる方法はありませんでした。

曲面構造を設計する方法には、二通りの考え方があると思っています。一つは強靭な骨格（skeleton）の周りに柔らかい空間を纏いつかせる方法であり、もう一つは、頑強な外皮（skin）の内部に柔らかな内部空間を包含する方法です。私たち人類や多くの魚類は前者であり、亀や蟹などの甲殻類は後者です。中間的なシステムも存在します。高層ビルなどの均質な骨組みは、空間全体が強度を備えています。母の塔では、内部に性能を評価できる骨格を構成し、外部に作家の意図する外皮を纏わせる計画としました。

実際の設計では、塔体を水平に輪切りにして、外皮と干渉しない回転体の軸組フレームを捜しました。この基本フレームを鉄骨で製作し、七列の放射状の回転体とすることによって、骨格を形成することにしました。外皮は、ＦＲＰの型枠にＧＲＣ（ガラス繊維補強コンクリート）パネルをファスナーで固定しました。言わば、「カーテンウォール」の壁面として計画されました。仕上げには「クラッシュタイル」が採用され、現場で施工されました。

塔体の施工は難問でした。狭小な建設地で大型の重機の活用ができず、施工チームの発案で「プッシュアップ」構法が採用されました。塔体の中間階に作業床を設置し、分割した塔体を最上階から鉄骨の組立－外装パネルの取付け－外装タイルの仕上げ施工を行い、ジャッキによって順次プッシュアップしたのです。一連の作業は施工チーム独自の発想と経験の成果として、高く評価できると思います。

設計で特記すべきことに、塔の動的設計があります。この部分は坪井研究室時代からの朋友である、数値解析の達人・半谷裕彦先生（故人）のご協力をいただきました。

塔状構造物の一般的な手法は、骨組みの解析によって「串団子モデル」のバネを評価をして、地震応答解析をすることと理解していたのですが、試行的にすべての節点を数値化した立体モデルとして応答解析をされたのです。結果的には膨大な計算時間の後、計算は完了したのですが、結果を設計に反映することはできませんでした。設計的には通常の立体フレームの場合と同様、最初に部材が降伏した時の水平耐力を、保有水平耐力の下界値とすることにしました。

母の塔は、塔状構造とはいえ、高さに対して脚部の広がりが大きいため、まず転倒の危険性は低く、構造体としての水平力に対する安定性は高いと思われます。設計における最大の問題は「形状の再現性」でした。

美術館の計画は、「岡本太郎作品を、太郎が生まれた川崎市に寄贈する」ことから始まりました。出来上がった「塔体」を本人に見ていただいて、「これでいい」との一言をいただければ、それで「太郎作品」になると考えていたのです。ところが、不幸なことに設計の途中で岡本太郎氏が逝去されてしまいました。塔体は、原設計の「レプリカ」として、いかに正確に原型を再現できるかに代わってしまったのです。「原型を数十倍に拡大する作業」は、形状の再現技術であり、近年では写真技術の進化によって、厳密に再現できるようになったようですが、当時は、彫刻を型取りしてレプリカを製作し、輪切りにして、物差しで測って型を取る方法しかなかったのです。それが、却って塔体に「人間臭さ」を生むことになるとしたら、「怪我の巧妙」としか言いようはありません。

08-4 塔体の構造は基礎構造が重要

いわきマリンタワー

構造設計：坪井善勝研究室

いわきマリンタワーは福島県いわき市小名浜の岬に建設された展望塔で、一九八五年に建設されました。県の委託を受けた住宅都市整備公団（現都市再生機構）の公園緑地課からの委託を受けて、坪井善勝の率いる㈱坪井善勝研究室が構造設計を担当しました。私は当時四五歳になっていましたが、〝タテナガ〟の構造物に出会うのは初めてで、手探りで設計に取り組んだと記憶しています。

建物は三陸沿岸の漁港として栄えた小名浜港の背面に位置する小高い丘の上に、みさき公園として広がる景勝地に立地していて、海抜四〇m程の敷地の上に高さ六〇m（正確には五九・九九m）の展望塔として計画されました。

塔体の構造は鉄骨鉄筋コンクリート構造で、六角錐状の躯体の三面が鉄筋コンクリート板で構成され、それらを鉄骨のパイプトラスで一体化する計画となっています。内部の階段を上っていく途中で、外の景観が楽しめるように配慮されています。上部の展望台は塔体の中間部から逆角錐台状に広がっていて、海に向かって展望席が設けられています。

塔体の設計は、地震時の水平力が高さ方向にどのように変化していくかが課題ですが、その他は通常のＳＲＣ造として設計を進めました。

設計上の課題は基礎構造をどうするかでした。岬の地盤はそれなりに堅固で、埋め込み形式の基礎にするか、接地面積を広くとって転倒を防ぐかの選択になりました。結果的に、直径二五m、厚さ三・五mの巨大円盤基礎をRC造で建設し、中央に塔体を立ち上げる計画となりました。この計画によって掘削の深度を浅くすることができて、搬出土量を抑えることができました。

施設の管理者によれば、小名浜は三陸沖地震で大きく揺れ、更に地震後の津波によって大きな浸水被害を受けたそうです。当然のことに、マリンタワーも地震に見舞われたのですが、幸い岬が海抜四〇m程の高地に立地していたので、冠水は免れ、地震による躯体の被害もまったくなく、現在も展望塔としての役割を果たしているとのことでした。

竣工後三五年を経過していますが、当時は今ほど設計のツールが揃っていなかったので、手探りの設計でした。

この章で、私が取り組んだ「塔状構造物」を取り上げてみたのですが、近年の高層化に対する技術革新は目覚ましく、構造体の設計、施工技術や揚重機の高速化などによって、塔体の高さも一〇倍近くのものも実現できるようになりました。これは塔体だけでなく、ビル建築でも同じで、この五〇年間で三〇mだったものが三〇〇mもの高層ビルが実現するようになりました。しかしながら、この五〇年間に鉄やコンクリートの強度が一〇倍になったわけではありません。そして、当然のことながら、自然の環境が緩やかになったわけでもないのです。ですから、建物の高さと地上平面の大きさの比率は、それほど変わってはいないと思われます。カリヨン塔の脚部が七m四方で高さが六〇mであるのに対して、東京スカイツリーでは地上部の一辺が約六八mに対して高さが六三四mと、その比率はほぼ同じになっているのです。もちろん、高さが異なれば地震力や風圧力も異なるので同じ条件ではないのですが、構造を支配している基本的な原理は変わらないと言えるのでしょう。

塔体を支える基礎について、支持する地盤が堅固な時は、大別すると、埋め込み型（カリヨン塔）と平置き型（マリンタワー）に分けることができます。ただ、これはあくまでもイメージの話であって、実際の設計ではこれらが混在しているのが普通かもしれません。これに対して、地盤が軟弱な砂質地盤や堆積物で覆われている海岸などの地盤では、杭基礎で支持することになるのですが、このような軟弱な土壌の場合は弾性体のような岩盤ほど単純ではなさそうです。

基礎構造の選択は、塔状構造においては特に大切で、十分な地盤情報を欠かすことはできません。上部構造の地震や風に対する挙動は、近年の解析技術の向上によって、高い精度で再現できるようになりました。しかし、地盤の情報は多くの調査機器の普及で詳細に把握できるようにはなりましたが、建物すべての箇所を調査することはできません。そして、施工環境によって実施できる方法も限られることや、更にコストの制限もあると思います。如何に適切な構法を見出せるかが、設計の大きなポイントなりそうです。

08-5 ステンレスクラッド鋼板適用の鐘楼

神慈秀明会カリヨン塔

設計：I.M.Pei
構造：坪井善勝研究室

カリヨン（carillon）塔は、滋賀県・信楽町にある神慈秀明会滋賀の神苑内の教祖殿前の広場に立つ高さ六〇mの鐘楼として、中国系アメリカ人の世界的建築家・I・M・ペイ氏の日本最初の作品として建設されました。教祖殿の設計者であるミノル・ヤマサキ氏が神苑の全体計画を立案されましたが、教祖殿の竣工後、暫くして他界されてしまいました。ヤマサキ氏は生前、ペイ氏と親交があったことを話しておられ、同じアジア系のペイ氏を高く評価されていました。神慈秀明会の会主の小山美秀子氏は後継の建築家として、施設の設計をペイ氏に託すためニューヨークまで足を運ばれ、日本初のペイ氏の作品が実現したのです。

構造設計は、坪井研究室に依頼が来ました。規模的にはそれ程大きくなかったので、小山氏は坪井先生にお願いすることを躊躇っておられたのですが、設計には多くの工夫が必要だと思われました。当時、坪井先生は八〇歳を超えておられましたが、塔体内部の高さ四〇mの螺旋階段をバネ問題として解析され、設計に貴重な指示を与えていただきました。

塔は二〇〇〇年の一二月に竣工したのですが、坪井先生は竣工直前の一二月六日に他界されました。ペイ氏設計の美しく空に向かって伸びるカリヨン塔と、五〇個の大きさの異なるベルが奏でる美しい音色を聞いていただけなかったのが心残りでなりません。

塔体は、高さが六〇ｍ（設計では五九・九ｍ、航空管制上の制約）、脚部が七×七ｍ、頂部が幅二ｍの三味線のバチ型で、下部二／三がＲＣ造、上部一／三がリブ付き箱型の鉄骨構造となっています。

外装材は世界中で最も白いと言われる花崗岩で、躯体表面から浮かして取り付けられています。塔体の変形に対して剝落することのないように、ファスナーで躯体から浮かして取り付けられたのです。

躯体の構造モデルは単純な独立柱状で、水平剛性の評価のみが課題でした。地震時の挙動は「棒の振動」であり、論理的な不明快さはなかったのですが、吊り下げられたベルの地震時の挙動は難問だったと聞いています。総重量二〇ｔにも及ぶ大きさの異なる五〇個のベルが地震時にどのような挙動をするのかは、今もって正確にはわかっていないのですが、全体的には一つの質量として評価されました（岡部喜裕氏、白石理恵子氏（故人）が担当。ともに坪井研究室）。

構造設計上の課題は二つありました。一つは塔体上部の鋼板の防錆であり、もう一つは基礎部分の塔体の転倒に対する設計でした。

錆対策として最も一般的なのは、ステンレス鋼の活用です。しかし、ステンレス鋼は、強度はＳＭ材に比べて二割程度低く、その分塔体頂部の構造重量が二〇％増加することになり、空中五〇ｍでの重量増加は基礎構造にも大きく影響するため採用が躊躇されました。着目したのは「ステンレスクラッド鋼板」と呼ばれる複合材です。この素材は、タンカーの船舶の躯体などに用いることを目的に開発され、鋼板とステンレス板を重ねて外周を溶接でシールし、その隙間を抜気して真空にし、加熱圧着して一体化するもので、鋼の強度とステンレスの防食性を併せ持つ特性を獲得することができます。ただ、板の切断面には鋼材が現れるので、その部分をステンレス板で溶接によりシールする必要があり、製作には多くの労力が必要とされました（鉄骨加工：宮地鐵工所）。このステンレスクラッド鋼板は、建築では桐蔭学園のメモリアルアカデミウムに始めて使用され、これが二件目の採用となりました。躯体から浮かせて取り付けられた白い御影石は、三〇年余を経た今も美しく聳えています。

もう一つの難問は、基礎構造です。塔体の建つ敷地は、表面がマサ土化した風化花崗岩の傾斜地で、基礎の平面を可能な限り小さくし、掘削土量を如何に少なくするかが課題でした。

塔体脚部RC躯体の外形が約六・五×六・五mのため、地中部の断面を外径九mの円柱状にしました。円盤状の直接基礎では、転倒を防ぐためには大きな径の基礎が必要になります。電柱型の埋め込み基礎では、径は小さくなりますが深さが必要になります。

実際の設計では、九m径の円柱の地中直下に帽子の鍔状のリングを設け、そこから放射状にロックアンカーを施工して転倒を防止することにしました。これによって、岩の掘削量を軽減し、必要な転倒モーメントを確保する設計になっています。

施工中に、岩級の弾性波速度の計測を行ってロックアンカーの性能を確認し、柱状基礎部は、GL－一二mまでNATM構法（トンネル掘削構法）により掘削しました。この建物の基礎の設計・施工には、土木の分野で用いられる技術を多く採用しています。

この塔は、内部にカリヨンの演奏室が設けられているため、建築基準法の規定に準拠することが求められ、建築基準法第三八条の適用対象となりました。設計の内容が通常の建築の設計で一般的ではない内容が多く含まれているため、設計の段階から土木技術者（清水建設㈱土木技術部）の協力が必要でした。建築のカテゴリーに含まれる建築物でも、建築基準法でコントロールできない技術が多々あると思われます。技術の世界では土木も建築も境はありません。もう少し両者の技術交流があってもよいのではないでしょうか。

神慈秀明会カリヨン塔。梅林を通して全景を見る（提供：神慈秀明会）

あとがき

昭和三五（一九六〇）年に大阪の堺市から東京に上京して、六三年が経過しました。初めの一〇年間は、大学の授業と卒業してからの坪井研究室での基礎的な修行で過ごしました。

初めて設計らしい仕事に関わったのが、二八歳になった頃、大阪万国博覧会お祭り広場大屋根架構の空気膜構造の設計で、それに続く一年間の現場監理でした。この頃から、ほぼ連日、設計の生活に終始することになりました。気が付いてみると、あっと言う間に六〇余年の歳月が過ぎてしまっていました。二五年間の坪井研究室時代と三〇年余りの設計事務所生活で、多くの経験をしました。五〇歳からの事務所開設は周辺の人たちには、大変「無謀」に思われたようで、そのため多くの方の支援をいただくことになり、今日に至っています。

坪井研究室時代は、通常の住宅やビル建築といった類の設計はほとんどなく、特殊な空間建築の設計が多くありました。構造計算に不慣れな私は、独立後も構造計算や作図に馴染めず、どのような構造手法を駆使すれば、構造設計者としての役割がまっとうできるかばかり考えていました。しかし、自分で考える構造設計と社会、特に行政で求められる設計に、発想の隔たりがあることにしばしば直面することになりました。「構造計算以外に、もっと考えるべきことがあるのでは？」と思うようになったのです。

「建築基準法」に則った構造計算が、自然界で起きる種々の現象に対して、すべて安全であることを保障するものでないことは、社会的には十分理解されてはいません。一般の人々は、「確認申請」をクリアすれば「もう安心」なのです。しかし、この法律は、「起こるかもしれない地震や台風などの災害」を想定して、構造体が満たすべき性能を規定しているのであって、「想定外」の外力や外乱に対しては、「安全率」や「余裕率」などで何とか対応できると期待しているだけなのです。近年、地盤の液状化については、検討が推進されるようになりましたが、「洪水や津波」「超短周期や長周期の地震振動」「急激な地盤の滑りや沈下」などの現象は、現行基準では「想定外」とされています。更に、地下構造の建設時における人為的な陥没や災害時の浸水など、法律では決めきれない多くの災害が潜んでいると思います。これら、法律で定められていない現象にどう対応するのかも、構造設計者の仕事の一つのように思います。

私自身、このような疑問を抱えつつ五〇年余りも構造設計を生業にしてきましたが、今もって確かな回答が得られたものは皆無です。本書では、色々な過去の設計を思い起こして、当時直面した課題の数々を書き起こしてみました。今、構造設計界で活躍している設計者、修行中の若い設計者、それに構造設計者を目指す学生さんへ贈る言葉として、参考になればこれに勝る喜びはありません。

私の生い立ちについて、しばしば聞かれることがあります。育った環境が、今の設計に対する考え方に何某かの影響を及ぼしていることは確かです。

私は、第二次世界戦争が始まる前の昭和一五（一九四〇）年に、大阪の堺市で設計事務所を開設していた両親の長男として生まれました。父は明治、母は大正の生まれで、三歳上の姉と四人家族でした。父は貧しい洋服職人の長男として生まれ、貧困のため尋常小学校を卒業後、直ちに奉公に出ました。その先が、町の建築事務所で、父が一九歳の時、設計事務所の主人が急逝され、後継者となったそうです。独学で鉄筋コンクリートの勉強をして、当時では珍しいＲＣ造建物の設計を始めたそうです。その時の参考書が、坪井善勝先生の著書だったと聞いています。戦災で荒れ果てた市街地の復興は大変だったようですが、仕事としては繁盛していたようで個人事務所程度の規模で、夜遅くまで仕事場で図面を描いていました。

幼少の私は、仕事場への立ち入りを厳しく禁止されていました。立ち入りが許されたのは小学校の高学年になってからで、夜は父の横で鉛筆の芯砥ぎをしながら、無言で作業を見ていた記憶があります。中学生になると少しは手伝うようにと言われて、図面を青写真屋へ自転車で持って行き、できた図面を取りに行くことが役目でした。父は木製三角定規とT定規、算盤と計算尺を使い、正に「職人技」といえる設計図を描いていました。自分もいつかこうなるのかなーとぼんやり思いつつ、野球に明け暮れていました。

高校は府立の進学校へ進みましたが、授業よりクラブ活動に熱心で、みるみる成績が下がって、先生から厳しく注意されました。進路はまったく何も考えることなく、「建築」を選びました。特に、建築に興味があったわけではありませんが、極く自然にそう思っていました。

大学へは、父ができなかった進学の期待を背負って進むことになりましたが、幾度も地元の公立大学を落ちて、最終的に東京まで来ることになったのです。四年生になって、卒論で坪井善勝教授の指導を受け、卒業後も坪井教授が他界されるまでの長期間、研究や設計の在り方について学ばせていただき、私的にも結婚の媒酌の労まで取っていただき、公私ともにお世話いただいたことに、私は元より父も大変感謝していました。

明治生まれの坪井先生と父は、ある意味で古いスタイルの生き方をした人たちだと思います。しかし、このまったく異なったスタイルの生き方の中に、私たちが失った「何か」を感じるのです。立場がまったく異なる二人ですが、明治、大正、昭和、平成という四つの時代を生きぬいた人には、必死に実践した「生きる美学」があったと思います。

最後に、ここに収録した建物は建設に携わった建築家、構造設計、工事担当者すべての関係者の努力によって完成したものであり、私はその中の一人に過ぎないことを確認したいと思います。

また、本書の出版に際しては、株式会社建築技術の橋戸幹彦氏に大変お世話になりました。氏のご支援がなければ、到底出版の日を迎えることはできなかった。ここに、心から感謝の意を表します。

川崎市生田の岡本太郎美術館の敷地に立つ「母の塔」、西の「太陽の塔」と併せて、太郎作品を代表する

［著者略歴］

中田捷夫

Katsuo　Nakata

1940 年大阪府堺市生まれ

1964 年日本大学理工学部建築学科卒業

1979 年㈱坪井善勝研究室設立取締役

1991 年同社代表取締役　㈱中田捷夫研究室に社名変更

1998～2000 年東京理科大学理工学部建築学科教授

千葉大学、東京電機大学、日本大学（非常勤）

［設計］

大空間構造、壁式構造、大断面木質構造を中心として活動

［資格］

工学博士、技術士（建設部門）

［主な賞］

松井源吾賞、JSCA 賞（作品賞、業績賞）他

［所属］

日本建築学会（終身正会員）

日本構造家倶楽部（正会員）

IASS（Semier Associate）

ちからとかたちの物語り

発行 ―――― 2023 年 12 月 25 日

著者 ―――― 中田捷夫

発行者 ――― 橋戸幹彦

発行所 ――― 株式会社建築技術

〒101-0061

東京都千代田区神田三崎町 3-10-4 千代田ビル

TEL03-3222-5951　FAX03-3222-5957

http://www.k-gijutsu.co.jp

振替口座 00100-7-72417

造本デザイン ― 春井 裕（ペーパー・スタジオ）

印刷・製本 ―― 三報社印刷株式会社

落丁・乱丁本はお取替えいたします。

ISBN978-4-7677-0184-4

Printed Japan